AF465474

ÉTUDES

SUR LE

Collectivisme-Intégral-Révolutionnaire

Organisation sociale logique, nécessaire, conforme aux lois naturelles

Par Édouard BOULARD

Ont intérêt à la transformation radicale la plus rapide possible de l'état social individualiste, non-seulement, ceux qui y sont spoliés et victimes, mais aussi, ceux qui en possèdent et accaparent tous les avantages.

Dixième édition, 10me, 11me, 12me mille.

Prix franco, 0 fr. 50 c.

ŒUVRE DE PROPAGANDE, REPRODUCTION AUTORISÉE

PARIS

Revue socialiste, 8, Rue des Martyrs ;
et chez Lecourtois, 38, Rue Daubenton.

Guise. — Imp. Baré.

EN PRÉPARATION :

Constitution Républicaine, que les collectivistes français chargent leurs mandataires de présenter et de défendre à la constituante de 1889.

Hostilités avouées et cachées de pseudo-socialistes contre toute solution possible du Socialisme.

Le jour et le lendemain de la révolution.

Un toast maçonnique ∴

Les droits et devoirs des citoyens et citoyennes au moment actuel.

ÉTUDES

SUR LE

Collectivisme-Intégral-Révolutionnaire

Organisation sociale logique, nécessaire, conforme aux lois naturelles

Par Édouard BOULARD

Ont intérêt à la transformation radicale la plus rapide possible de l'état social individualiste, non-seulement, ceux qui y sont spoliés et victimes, mais aussi, ceux qui en possèdent et accaparent tous les avantages.

Dixième édition, 10me, 11me, 12me mille.

Prix franco, 0 fr. 50 c.

PARIS

Revue socialiste, 8, Rue des Martyrs ;
et chez Lecourtois, 38, Rue Daubenton.

Collectivisme-Intégral-Révolutionnaire

—•○•—

AU CITOYEN MALON,

Citoyen, ce m'est un devoir et un bonheur de vous rendre ici un public et reconnaissant hommage.

Août 1888, Ed. B.

A la mémoire de ma bonne tante défunte,

ELVIRE LAROQUE

Ed. B.

AVIS AU LECTEUR

Les trois petites études qui suivent résument tout ce que, depuis 1867, les socialistes conscients affirment et propagent partout où ils en trouvent l'occasion.

A ces militants, bien des citoyens demandent :

« Dans quel ouvrage se trouve l'exposé de vos doctrines ? »

La réponse, quant à nous a toujours été :

« Les détails de nos convictions nous ont été fournis par les œuvres, anciennes et contemporaines des penseurs socialistes et celles des vrais savants.

Ces détails, nous les réunirons, en les résumant, dans une brochure intitulée : *Collectivisme-Intégral-Révolutionnaire.* »

L'affirmation dernière était un engagement que nous prenions vis-à-vis de nous-mêmes, il nous a — sitôt que la possibilité pécuniaire nous l'a permis — fait éditer ce petit volume dans lequel sans peur, sans faiblesse, sans exagération nous avons voulu être concis et clair, équitable et vrai ; puissions-nous avoir réussi ? pour le moins nous y avons exprimé toute notre pensée, nous y avons, toujours, été sincère et bien intentionné.

Par l'expression ci-dessus *Collectivisme-Intégral-Révolutionnaire*, nous voulons indiquer la philosophie qui est affirmée et contenue, en abrégé, dans les trois études suivantes ; et, aussi, une forme d'état social qui sera basée sur la réciprocité des services et une solidarité effective ; que cette réciprocité et cette solidarité devront être rendues obligatoires et faciles à tous et pour tout ; que la réalisation de cette forme d'état social nécessitera le changement de la base de tous les états sociaux actuels ; et que, pour ce changement qui peut s'opérer, facilement, par de rapides évolutions — *si, hélas, l'égoïsme étroit et hypocrite de quelques-uns y met obstacle* — les spoliés et les hommes d'honneur seront obligés d'employer la force, car alors cet emploi sera un droit et un *devoir* pour eux tous.

Comme nous ne cherchons que le vrai, *quel qu'il soit*, nous répondrons toujours et serons reconnaissant à qui nous demandera des explications ou nous adressera des critiques et des objections sur cet écrit et ceux que nous avons faits et pourrons faire ; en procédant ainsi, nous désirons arriver pour tous et avec tous à faire un travail probant, aussi court et complet que possible, pour lequel nous n'aurons choisi ni nos preuves, ni la manière de les présenter :

Édouard BOULARD .·.

Républicain, Collectiviste-Intégraliste-Révolutionnaire.

A 11 ans 1/2 apprenti monteur en bronze ; à 16, ouvrier ; à 19, maître d'études de troisième ; à 22, sous-officier ; puis ouvrier plombier, employé, entrepreneur de travaux publics, rentier et publiciste.

Si j'énonce ici les étapes de ma vie ce n'est pas pour en tirer vanité, mais pour témoigner que c'est après avoir beaucoup vu, étudié, observé, réfléchi, que je suis partisan résolu de la transformation radicale de notre anarchie de concurrences et de haines où je suis un des privilégiés, en une organisation harmonique, dans laquelle nous serons tous des coopérateurs et des associés.

Pour payer autant qu'il m'est possible ma dette sociale à la Solidarité, dont je suis et veut rester un des serviteurs les plus inconnus, j'édite des petites brochures comme celle-ci, au fur et à mesure que mes moyens pécuniaires me le permettent, je ne les signe que pour en prendre la responsabilité.

J'affirme à tous que je ne me fais aucune réclame, que je n'ai accepté dans le passé, et que je n'accepterai dans l'avenir aucun mandat avantageux. Ed. B.

PREMIÈRE ÉTUDE

SYNTHÈSE COSMOLOGIQUE

Dans cette étude — à laquelle je donne la forme de testament philosophique et social afin d'être en même temps le plus bref et le plus explicite qu'il m'est possible — je cherche la base de la plus logique et meilleure société humaine dans la connaissance des lois naturelles.

J'ai la conviction absolue que la connaissance de ces lois — quelqu'elles soient — donnera à tous les moyens les plus pratiques, les plus rapides et les plus efficaces de conquérir cette société et de la rendre inébranlable ; mais, par dessus tout, comme je reconnais, avec tous les socialistes sincères et sérieux, que chaque homme doit avoir la possibilité de poursuivre, de trouver, de servir la vérité pour en tirer au mieux la satisfaction de ses intérêts ; j'étudierai dans les études suivantes comment, le plus sûrement, il peut obtenir ce résultat.

Par suite, j'engage les lecteurs de ces écrits à en commencer la lecture par la deuxième étude et à la terminer par la première ; si, n'étant pas familiarisés avec les questions scientifiques, ils se préoccupent surtout de celle sociale.

Ceci, que je détruirais immédiatement si mon jugement se modifiait, est mon testament philosophique et social ; ma ferme volonté est d'y affirmer les résultats des incessantes, méthodiques et sincères recherches de toute mon existence actuelle. (1)

Ces résultats me donnent de plus en plus la conviction que, **dans les faits et le savoir réel acquis par l'humanité,** aucune probabilité n'infirme et toutes autorisent les propositions suivantes :

1° Dans la nature, il n'y a point de causes finales, tout est êtres distincts et immortels, se manifestant et se perfectionnant indéfiniment en des vies diverses, successives, de plus en plus développées, radieuses, vivifiantes.

---

(1) L'homme n'acquiert pas la connaissance des lois de la nature par l'observation superficielle de quelques-uns des phénomènes qu'elle comporte, mais par l'étude réfléchie et comparative de l'ensemble de ceux qui sont à la portée des investigations humaines ; de même, pour chacun de vous lecteurs, j'espère que les définitions et les explications de ce testament s'éclaireront et se compléteront les unes par les autres, ainsi que par la critique rigoureuse que vous ferez de chacune d'elles et de tout leur ensemble.

Ces êtres et les lois de possibilités de leurs manifestations procèdent, **nécessairement**, d'une cause unique — indispensable et suffisante.

Nécessairement, cette **Cause-Première** est permanente, immuable, éternelle, toute d'essence et d'attributs actifs, parfaits, infinis, absolus, inséparables ; et les êtres émanent d'un de ces attributs : **Le Pouvoir-Souverain**, se développent dans un autre : **Le Présent-Infini**, sont essence et attributs perfectibles éternellement.

2° Ces êtres étaient originellement identiques les uns aux autres, mais dès lors ils se sont différenciés, car chacun d'eux, dans les limites de son vouloir, se servant différemment de ses attributs — pour unir ou opposer son moi à celui des autres et choisir entre ses premières possibilités vitales — leur a fait des acquisitions particulières et s'est créé son premier organisme par de la solidarité ou par des appétits et des luttes égoïstes ; en s'unissant librement, dans le premier cas, en se joignant nécessairement, dans le second, avec d'autres êtres.

Tout organisme est ou une agglomération, ou une colonie, ou une réunion, ou une association d'êtres.

Plus un être est développé par la Solidarité, plus l'activité de son essence et de ses attributs se manifeste par des effets nombreux, puissants, utiles, continuels, plus les organismes qu'il choisit et ceux qu'il crée sont composés d'êtres de divers développements.

C'est l'usage qu'un être, avec ou sans organisme, fait de son vouloir qui mesure toute sa responsabilité.

Ce vouloir consiste en sa puissance à choisir entre les différents mobiles que lui fournit son état actuel ; il tient de ses aspirations, sources de tous ces mobiles.

Toutes les aspirations des êtres n'ont qu'un foyer : L'amour à l'une de ses innombrables nuances ; depuis celle infiniment bornée et négative de l'égoïsme, jusqu'à celle infiniment parfaite et puissante de l'amour universel.

Moins est développée une vie d'un être, moins son vouloir y a de mobiles ; plus elle est développée, plus nombreux sont ceux qui l'y sollicitent ; plus il est supérieur dans un de ses développements vitaux, plus il y est raisonné et stable dans son vouloir et dans ses actes.

Jamais les actes d'un être ne sont contraires à son vouloir et son vouloir n'est jamais annihilé.

Un être a sa liberté moindre que son vouloir de toutes les impossibilités qu'il éprouve à manifester les actes de celui-ci ; plus il mésuse d'un de ses organismes, plus il y a sa liberté restreinte.

3° Dans la nature et sous la rigidité de ses lois, les acquisitions d'un être ne dépendent que de lui.

Les unes, utiles à tous, sont intimes, profondes, réelles, essentielles à son perfectionnement, elles améliorent son essence et ses attributs, leurs rayonnements sont psychiques et causes naturelles indestructibles ; les autres, ne sont qu'extérieures, superficielles, provisoires, relatives au fonctionnement de ses organismes successifs, leurs manifestations sont physico-chimiques et produisent les causes artificielles et momentanées.

Les organismes sont pour l'être les instruments de ses manifestations et de ses acquisitions ; il en est le lien et le promoteur ; il les cherche et les perfectionne indéfiniment dans les limites de lois immuables ; et leurs imperfections de toutes sortes viennent, par ces lois, de l'usage égoïste qu'il a fait de son vouloir.

4° Plus les êtres s'associent entre eux de façon fraternelle, intime et prolongée, plus leurs acquisitions leur sont faciles et avantageuses ; plus ils s'isolent, plus ils restent arriérés.

La lutte entrave leur développement : elle a pris naissance et se continue par l'usage orgueilleux, jaloux, égoïste, qu'ils font de leur vouloir : elle les punit en leur créant, dans leurs organismes, de factices et passagers besoins ; lesquels se satisfont, en grande partie, sur et par d'autres organismes.

Il y a de nombreux êtres, qui par le bon usage constant de leur volonté, n'ont jamais eu à lutter contre ces besoins ; d'autres, au contraire, par le mauvais emploi antérieur de la leur et la responsabilité réparatrice qui leur en incombe, passent des périodes de leur développement avec et sur des organismes où la lutte est habituelle et générale ; ils doivent, de plus en plus, combattre cette lutte et la transformer en amour et Solidarité.

5° La liberté et les acquisitions inégales et différentes des êtres sont les causes de la dissemblance, de plus en plus sensible, de leurs manières d'évoluer dans l'infinité de l'espace et du temps.

6° Dans l'infinité de l'espace et du temps, le nombre indéfini des êtres et leur volume qui est l'infiniment petit, l'indivisible, ne varient pas, mais leurs places, leurs organismes, leurs manifestations et leurs mobiles y sont variables.

7° Par leurs efforts à se perfectionner, tous coopèrent au progrès indéfini.

Dans ce progrès, ils élargissent de plus en plus les limites de toutes leurs possibilités ; ils apprennent à connaître et à servir les lois dans lesquelles ils évoluent.

Ces lois ne sont que des faces et des degrés d'une obligation unique qui lie tous les êtres les uns aux autres pour leur perfectionnement ; elles sont les rapports éternels et immuables qui régissent toutes leurs possibilités et amènent inéluctablement les conséquences logiques de chacun de leurs actes.

8° Par chacune de leurs acquisitions intimes, ils ajoutent à la somme de leur liberté, à la puissance de leur action : à leur **développement** en rapprochant et pénétrant leur essence de celle de leur **Principe-But**, sans jamais l'atteindre, ni devenir inégaux et hiérarchiques devant **Lui**.

Chacun d'eux a tendance et avantage à s'unir, comme promoteur, à un organisme formé d'autres organismes que meuvent des êtres plus arriérés que lui, et à se joindre à celui mû par un être d'un développement vital supérieur au sien, sur lequel momentanément il se meuvra et sera incité à chercher et à prendre du perfectionnement.

Quelque soit son état psycho-physiologique quand il quitte un de ses organismes, il n'est pas débarrassé des influences de cet état ; il reste : Avec une tendance à les faire agir, plus de liberté psychique pour son vouloir et moins de possibilités physiques dans ses manifestations.

Il peut, alors, volontairement, rester sans s'allier à un autre organisme pendant des périodes plus ou moins prolongées ; cherchant, observant, prenant des résolutions, mais sans pouvoir faire aucune acquisition ; gardant, forcément, la même individualité qu'il avait dans sa dernière vie organique.

En s'unissant à un autre organisme, il restera le même être, mais il deviendra un nouvel individu ; qui tout en profitant de chacune des acquisitions intimes de ses individualités passées, n'aura plus le souvenir de celles-ci ou n'en aura conscience, moins ou plus, qu'en raison de son état psychique bien équilibré et déjà supérieur.

9o Chaque être a, toujours, une atmosphère ou influence extérieure sensible et rayonnante en rapport avec son état psychique; plus il est développé, plus il rayonne, par son atmosphère, en influences vivifiantes diverses, pénétrantes et universelles.

L'atmosphère d'un être, dans un organisme, est formé par le rayonnement de ses possibilités psychiques.

Celui d'un organisme est formé de ses influences et propriétés physico-chimiques, composées de celles des organismes qui vivent de lui et des rayonnements psychiques des êtres qui s'y meuvent et doivent, organiquement, vivre et revivre de la vitalité de cet organisme : Ainsi la planète Terre sur laquelle nous nous mouvons et dont nous sommes comme les cellules cérébrales a dans son atmosphère des myriades d'êtres divers, depuis ceux qui entreront, organiquement, dans des compositions que la connaissance humaine ne sait pas encore décomposer, jusqu'à ceux qui ayant eu un certain nombre d'organismes humains n'ont pas fait toutes les acquisitions réelles que cet organisme comporte ou n'ont pas réparé leurs non-bien antérieurs.

C'est avec les atmosphères des êtres, avec celles de leurs organismes, et par ces organismes que s'opèrent et se manifestent tous les effets organisateurs ou désorganisateurs, lumineux ou obscurs, attractifs ou répulsifs, réels ou apparents, durables ou momentanés, etc., etc.)

10° L'être ne s'unit définitivement, comme promoteur, à un organisme que quand celui-ci a acquis ses caractères d'individualité.

Avant, il exerce son influence psychique sur la réunion, le concours plus ou moins inconscient, les actes organiques moins ou plus éclairés des êtres de divers développements à qui cet organisme embryonnaire doit son origine, ses manifestations évolutives et sa vitalité de cohésion, comme est celle de toutes les agglomérations, colonies ou réunions d'êtres organisés qui n'ont pas de promoteur définitif ou en sont séparées momentanément.

Plus l'être promoteur d'un organisme y a son état psychique supérieur et bien équilibré, plus il a pouvoir de s'en isoler momentanément, sans le quitter définitivement : Les fonctions de cet organisme seront, alors, suspendues plus ou moins complètement.

Quand elle a un promoteur, une réunion

d'êtres a ses évolutions plus soustraites aux influences extérieures.

Chaque être, en se modifiant, modifie les mobiles artificiels de ses actes ; il évolue : En cherchant,en imitant et en se recommençant comme individu ; en repassant par ses formes organiques antérieures,lesquelles se réalisent en évoluant par des caractères de leurs types ancestraux.

11° Dans la liberté de leur marche progressive, tous les êtres ne passent point par les mêmes systèmes et le même nombre d'organismes; ils peuvent évoluer chacune de leurs acquisitions essentielles dans des milieux **avec** et **sur** des formes organiques semblables ou dissemblables de même valeur.

Il n'est pas un organisme par lequel tous les êtres doivent passer, inévitablement, pour leur développement.

Plus est développée une forme organique dans laquelle les êtres qui la dirigent n'arrivent point à évoluer la phase nécessaire de développement qui leur est actuellement possible, moins elle a de persistance dans le temps et l'espace.

Moins est développé l'organisme d'un être, moins celui-ci, comme individu, est lié organiquement aux organismes des êtres avec lesquels il s'est réuni dans une agglomération ou une colonie ; plus son organisme est développé, plus, comme individu, il est organiquement en alliance intime, complète et nécessaire avec les organismes des êtres auxquels il est lié et qui forment ses organites, ses organes, son organisme.

Plus une forme organique est supérieure, plus est puissant son promoteur, sont compliquées son organisation et sa désorganisation, sont développés les organismes des êtres dont il est le microcosme, est liée sa vie à celle des individus qui, dans sa division du travail, concourent à ses manifestations et à ses acquisitions.

Unis solidairement dans une agglomération, une colonie, une collectivité intégrale, des individus de même espèce sont toujours occasions à naissances d'autres individus qui leur sont supérieurs d'espèce et de développements.

12° Les êtres ont tendance à imiter.

Cette tendance, moins consciente et plus visible dans les organismes déséquilibrés et ceux des êtres peu avancés, se manifeste surtout dans des apparences et mouvements désordonnés, extérieurs, illusoires et momentanés.

13° L'être est action et force, simple et indestructible, réfractaire s'il le veut à toute influence autre que celle de la Solidarité, il ne rétrograde jamais et ne peut être imité artificiellement; ses organismes sont composés, en continuelles modifications, sensibles à toutes les influences, ils se désorganisent et peuvent être reproduits artificiellement de façon illusoire et momentanée.

14° L'organisme, les besoins, l'intelligence, la sensibilité, la licence, la liberté: **l'état psycho-physiologique** d'un être sont toujours en rapport d'équivalences et entre eux, et avec son degré de perfectionnement, et avec le bien et non-bien qu'il peut accomplir.

Le bien est tout acte de Solidarité, il a pour but le développement vital et le perfectionnement incessants de l'être par la satisfaction de ses besoins **réels** ; ses effets sont avantageux et illimités.

Tous les non-bien viennent de l'individualisme ou amour de soi ; ils ont leur origine dans le vouloir momentané d'êtres se formant des mobiles illusoires ; leurs conséquences sont fâcheuses, mais restreintes.

La Solidarité associe les êtres dans le progrès, elle est harmonique ; l'individualisme isole l'individu dans l'anarchie, il est perturbateur.

Les affirmations et les négations intolérantes sont **au moins** erreurs d'individus superficiels qui donnent un arrêt de développement à un de leurs attributs intimes d'êtres : la **Généralisation**.

Tout acte et même tout propos égoïste contre la Solidarité est une faute sérieuse.

15° Les aspirations et les besoins **réels** d'un être lui sont lois incitatrices à conquérir tous les avantages **vrais** dans et sur les milieux où il se meut.

16° Un des biens qu'un être peut accomplir de plus en plus est d'employer énergiquement sa volonté à soulager ses semblables dans leur organisme, s'il prend dans le sien une partie des maux dont il veut les débarrasser, c'est qu'il s'acquitte envers eux de non-bien antérieurs ; ce qu'il peut faire de plus utile et de plus méritant, après avoir acquis la bonté nécessaire, est de se consacrer au plus grand bien de tous et de chacun.

17° La bonté est nécessaire au plus grand bien de tous les êtres ; toute évolution de l'un d'eux en nécessite à son sommet une quantité qui est la résultante de toutes les qualités qu'il a acquises.

La bonté est indulgente et ferme, sans faiblesse ni exagération ; elle est Amour, Justice et Solidarité.

Cette bonté est le levier le plus puissamment efficace du vouloir ; et le vouloir — appuyé sur elle — est le moyen et la cause de tout ce qui est indestructible dans la nature ; des plus puissantes actions évolutives de chaque individu et de sa possibilité de conquérir la connaissance de la vérité qui lui est actuellement accessible.

Connaissance de la vérité et science réelle sont synonymes.

18° Les efforts d'un être pour devenir bon lui servent efficacement à acquérir les qualités qui lui sont utiles pour s'élever dans son existence ascensionnelle.

19° Tout le bien qu'accomplit un être lui donne un profit égal ; les non-bien qu'il fait, et ceux qu'il tolère sans s'y opposer de toutes ses forces, lui amènent une responsabilité inéluctable.

20° Le profit d'un être consiste dans ses acquisitions ; sa responsabilité, dans la réparation imprescriptible vis-à-vis des autres des torts qu'il leur a occasionnés, même par indifférence.

21° Il ne peut acquérir des formes organiques plus élevées que celles qu'actuellement il meut, s'il n'a fait toutes les acquisitions que celles-là exigent et réparé les non-bien commis dans celles-ci.

22° Autant qu'il mésuse d'un de ses organismes, il est astreint à en prendre d'équivalents.

N'ayant point d'incitation naturelle à en chercher de plus élevés, s'il choisit, par orgueil, un organisme pour la conduite des évolutions duquel sa situation est insuffisante, il en supporte une pénible responsabilité.

Cette responsabilité se traduit, au moins pour lui, par un état psycho-physiologique déséquilibré luttant entre les tendances opposées de sa vie organique actuelle et celles des influences psychiques inférieures dont il ne s'est pas débarrassé ; d'où, souvent, ses manifestations maladives d'actes régressifs tout opposés à sa manière d'agir habituelle.

23° Les organismes que peut prendre un être sont à l'infini dans leur nombre et leurs variétés.

24° L'être choisit l'organisme, instrument des manifestations et des acquisitions qui lui sont actuellement possibles.

S'il se guide par le désir de réparer ses torts antérieurs, par le souvenir de ses affections ou de ses inimitiés anciennes, il choisit le milieu le plus rapproché et l'organisme le plus pareil au milieu et à l'organisme où il avait contracté ces torts, ces affections, ces inimitiés.

25° Les attributs ou rayonnements de la **Cause-Première** sont le principe des lois et des forces naturelles.

Dans leur **immutabilité** et l'infini de leur puissance, de leur sagesse, de leur justice :. de leur **bonté** ils rendent tous les êtres solidaires les uns des autres ; ils permettent à chacun d'eux d'obtenir dans ses recherches, alors qu'elles sont sincères,non de la certitude, mais des lumières efficaces venues d'êtres plus avancés que lui ; ils donnent une sanction inéluctable à chacun des actes de son vouloir ; ils amènent la désagrégation de tout organisme qui ne peut plus être utile au perfectionnement de l'être qui s'y est uni : parce qu'il en a tiré tout le parti possible, ou qu'il l'a rendu impuissant à lui servir pour réparer ses torts antérieurs et faire les acquisitions qui lui sont nécessaires; enfin ils excluent la possibilité de tout ce qui leur est contraire.

26° Les expressions ci-dessous devraient donc exclusivement représenter pour l'homme :

Création. 1° Un acte de vouloir permanent et immuable de la **Cause-Première** : L'essence de la nature.

2° Par les êtres, toute transformation vivifiante des milieux où et par lesquels ils se meuvent, toute organisation d'individualité dont l'état évolutif est plus élevé que tous ceux qui y concourent et en profitent de façon plus ou moins consciente et volontaire : une cellule infiniment petite, un soleil infiniment grand, etc., etc. sont des individualités.

Toutes les créations organiques sont du domaine des êtres ; aucune n'est imposée à leur vouloir.

Les possibilités des êtres n'ont de limite que celles tracées par la bonté infinie de la **Cause-Première**.

Ces limites ne permettent point à un être d'accomplir un non-bien dont un autre serait victime ne l'ayant en rien encouru.

Plus un être est parfait, plus ses influences s'étendent et agissent au loin, pénètrent et vivifient profondément les autres êtres ; plus il a pouvoir et devoir de réagir contre toute action perturbatrice, d'aider, d'éclairer, de protéger, de créer, de concevoir et de faire concevoir la **Cause-Première.**

Chaque être doit apprendre et comprendre du cognicible de la **Cause-Première** ce qui est relatif à son présent développement et nécessaire pour en conquérir un supérieur ; car il ne peut connaître la Nature, se connaître lui-même et vraiment se développer qu'en raison de ce qu'il sait de la cause dont tout résulte.

Essence, l'élément de toute existence et l'excitant de son vouloir.

Attributs, les lois, forces et rayonnements qui chez chaque être lui donnent ses propriétés et ses possibilités, lui permettent de se connaître, de se manifester aux autres et de s'en faire connaître.

Essence et attributs sont de même nature dans la **Cause-Première** et chez tous les êtres ; mais unité immuablement parfaite et infinie dans l'Une, multiplicité de moins en moins imparfaite et bornée chez chacun des autres

Nature, dans l'infinité de l'espace et du temps.1° Son essence éternelle formée des êtres et des lois qui régissent toutes leurs possibilités et font que leurs acquisitions réelles deviennent causes et influences naturelles.

2°L'ensemble des phénomènes de la vie qui s'affirment, successivement, par les organismes et leurs manifestations, qui sont des influences et des causes artificielles se modifiant, se développant et se détruisant sans cesse par transformations.

Les êtres ne manifestent pas tous la vie sous les mêmes aspects.

Pour chacun d'eux une de ses vies et les nécessités organiques qu'elle comporte ne sont que de ses possibilités vitales présentes et momentanées, résultat passager de ses choix antérieurs et de ses responsabilités actuelles.

Cet être est resté à se mouvoir dans un aggloméral minéral, il avait et conserve la possibilité d'être le promoteur d'un macrocosme radieux et vivifiant.

Ces deux situations ne sont pas les

extrêmes de ce qu'il peut être resté et de ce qu'il pourrait être devenu, momentanément, dans l'infinité de l'espace et du temps.

Matière, des agglomérations plus ou moins étendues d'infinités d'individus, à organisations encore très rudimentaires, dont il ne voit pas la vie.

Inertie, l'inactivité relative de ces mêmes individus dont l'action lui échappe.

Vide et **Néant**, des étendues immenses dans lesquelles se meuvent des êtres, momentanément sans organisme, dont l'existence lui est invisible.

Cataclysme, Fléau, Perturbation, les résultats d'actions faites par un ou des êtres et les troubles que d'autres en ressentent dans l'évolution d'un de leurs organismes ; tous les effets produits par les actions des uns et ressentis par les autres résultent de lois immuables et sont circonscrits par elles.

Ces effets révolutionnaires sont utiles aux uns et aux autres : ils leur sont des avertissements, les protègent contre l'excès de leurs non-bien, les atteignent et leur sont profitables ou pénibles suivant leurs actes antérieurs.

Hasard, Fatalité, Miracle, des faits dont il ignore encore les lois et causes.

Instinct et **Intelligence,** un même attribut moins ou plus développé ; plus ses limites s'élargissent, plus il acquiert de souvenir du passé et de prévision de l'avenir.

Vie, la constatation par lui d'une des manières d'exister d'un être ou d'une réunion d'êtres dont il perçoit quelque acte.

Les manifestations organiques des divers états psychiques des êtres.

Ame, l'être dont il voit les actes manifestés par son organisme.qui est un composé d'individualités diversement arriérées.

Mort, la fin d'une des vies d'un être ; état où il vient de quitter un de ses organismes, qui alors se désagrège, et où ses actes ne peuvent être perçus directement par l'attribut sensitif humain dans l'état où il est encore.

Cet être, suivant la situation présente de son état psychique, voit, moins ou plus rapidement, que son organisme n'a plus tous les éléments qui sont indispensables à sa cohérence ; alors, en raison de l'amour égoïste qu'il lui donne, il lui reste attaché un temps plus ou moins long, pendant lequel il ressent, psychiquement, tous les effets des phénomènes que subit cet organisme, auquel il se croit toujours lié.

L'être sans organisme agit et se manifeste virtuellement par son état psychique ; celui avec organisme agit et se manifeste chimico-physiquement par son attribut sensitif.

Les organismes des êtres possèdent non des sens, mais un attribut sensitif, servi de mieux en mieux par des organites.

Ces organites sont d'autant plus nombreux et perfectionnés que l'être est plus développé psychiquement.

Ils facilitent, organiquement, ses acquisitions, sa division du travail, ses communications internes et externes avec ce qui n'est pas son moi, précisent ses sensations, ses perceptions et sa liberté actuelles.

Mal, tous les actes égoïstes ou de non-bien et leurs conséquences inéluctables et imprescriptibles.

Ces conséquences sont sages, justes et nécessaires : elles ne font pas rétrograder l'être ; elles ne le frappent que dans ses organismes, elles limitent la possibilité de ses non-bien ; elles l'incitent à juger ses erreurs, à ne les plus commettre ; à les réparer et à les combattre chez les autres.

Maladie, des perturbations et altérations d'équilibre dans l'organisme et l'état psycho-physiologique d'un être qui n'a pas réparé les non-bien par lui commis dans un de ses précédents organismes ou dans celui qui lui sert actuellement.

Médicament et **Poison,** des réunions d'individus en attraction ou en répulsion avec les organismes sur lesquels ils agissent.

Ces individus en influencent, modifient ou désorganisent d'autres dans les différents proto-plasmas qui composent chacune des cellules de ces organites.

Sommeil et **Léthargie,** nne accalmie relative de plus ou moins des parties constitutives de l'organisme d'un être, permettant à celui-ci un état de liberté psychique se rapprochant de celui où il se séparera de cet organisme, et où, lui étant moins lié, il peut davantage.

Hypnotisme ou **Magnétisme,** un des effets d'une loi universelle la Solidarité, il se réalise par les influences de la volonté et de la sympathie.

Tous les êtres ont une puissance magnétique en rapport avec leur développement; mais seuls leurs organismes, en tout ou partie, peuvent être magnétisés, c'est-à-dire être relativement rendus passifs et, alors, être débarrassés plus ou moins profondément des effets de leurs perturbations maladives.

Les états et les phénomènes magnétiques varient chez un magnétisé et d'un magnétisé à l'autre; ils ont pour facteurs: la situation actuelle de l'individu magnétisé, toutes ses acquisitions essentielles et relatives, les influences extérieures auxquelles il s'associe.

Dans chaque cas, ces facteurs varient d'importances relatives.

Tout magnétisé est mis, plus ou moins, dans son état de liberté psychique possible.

Alors, il peut, psycho-physiologiquement, se souvenir et se servir de toutes ses acquisitions, même celles momentanées de ses vies antérieures les plus reculées ; influencer l'hypéresthésie et l'anesthésie de ses organites et leur faire produire des manifestations très régressives; modifier l'état de son organisme ; en neutraliser l'influence et être insensible à ce qui le concerne ; s'en isoler ; entrer plus intimement en communication avec d'autres êtres ; reconnaître qu'ils sont encore victimes de ses non-bien antérieurs ; en accepter ou rejeter l'ascendant ; les servir et en être servi ; et, dans cette collaboration, obtenir de plus étendues et plus puissantes manifestations subjectives et objectives.

Par des lois immuables, les êtres incorporels possédant les acquisitions nécessaires et un rapport suffisant d'affinités avec d'autres êtres promoteurs d'un organisme peuvent se rendre tangibles à ces derniers, en agissant sur leur imagination et en organisant, par influence psychique, des propriétés, des forces et des formes momentanées, illusoires et inoffensives avec des êtres inférieurs désincorporés appartenant à l'atmosphère de cet organisme et à celle où eux-mêmes se meuvent.

Des individus de même espèce, les uns avec, les autres sans organisme ne peuvent être tangiblement en rapport que si les acquisitions des uns et des autres sont suffisantes.

Quand, dans et sur un organisme ou milieu, un être a acquis toutes les qualités vraies que lui permet de conquérir ce milieu, il en quitte l'atmosphère et va dans celui d'un autre plus élevé.

Donc, dans et sur un même milieu organique, les êtres — les uns avec, les autres sans organismes — ne peuvent être que très rapprochés de développement ; d'où l'obligation pour les corporels de, sévèrement, analyser et contrôler avec leur savoir et leur raison tout ce qui leur vient ou parait leur venir des incorporés.

Plus les limites de développements de deux êtres se différencient, plus celui qui se développe peut pénétrer celui qui reste en arrière, et moins ce dernier comprend les manifestations du premier.

Les manifestations d'un magnétisé révèle son état psychique et ses tendances actuelles.

S'il est arriéré, il a celle de s'abandonner à des volontés extérieures se persuadant qu'elles lui sont irrésistibles ; s'il est orgueilleux, hypocrite, égoïste, il a celle de ruser et de lutter contre elles, etc., etc.

Aucune suggestion ne peut être imposée, irrésistiblement, à son vouloir, ni à son organisme.

Plus le magnétisé et le, où les magnétiseurs sympathisent plus leurs effets sont harmoniques ; plus les mobiles des magnétiseurs sont élevés, plus les résultats de leurs efforts sont complets et puissants : Le magnétisme étant un effet de Solidarité se produisant sous des influences de volontés sympathiques, si des volontés égoïstes veulent le pratiquer, ce qui arrive alors n'est rien moins que magnétique et n'a que des résultats superficiels et négatifs.

Tout individu qui, momentanément, est dégagé de quelques-unes de ses influences organiques et montre des facultés qu'il n'a pas habituellement est, plus ou moins, surexcité magnétiquement par un ou des êtres avec ou sans organisme.

Hallucination et **Rêve** — **Folie,** des résultats, pour un individu, de perceptions d'images imitatives, externes et passagères faites par l'intermédiaire de ses organites surexcités, psychiquement et momentanément, par l'hyperémie de certaines de leurs cellules et l'anémie de certaines autres : d'où — acceptée ou voulue — la concentration plus ou moins exclusive, de son attention psycho-physiologique sur certains faits relatifs à ses diverses vies ; par suite affaiblissement de cette attention et son manque de coordination à l'égard de ceux de sa vie actuelle ; alors à son imagination se présente, comme réalités actuelles, des faits passés et à venir, réels ou seulement possibles.

Ces images sont perçues par des individus dont l'état psycho-physiologique a des causes originelles antérieures à leur vie présente.

Ces images peuvent leur être utiles, agréables ou pénibles ; elles coïncident, le plus souvent, avec les préoccupations et les actions de leurs vies dernières et présente ; elles s'adressent à leur imagination et sont voulues, esquissées, formées par des individualités sans organisme ; elles sont possibles aux uns et résultent pour les autres, comme conséquence, de leurs acquisitions et de leur responsabilité.

Les causes premières morbides de toute folie chez un individu sont toujours son choix orgueilleux d'organisme ou la destruction prématurée et volontaire qu'il a faite de celui qu'il mouvait précédemment, et un amour égoïste, immodéré, persistant du moi.

Imagination, une possibilité psycho-physiologique qu'ont tous les êtres d'être influencés dans l'attribut sensitif de chacune de leurs individualités corporelles, et de l'influencer, pour qu'il manifeste les images formant l'ensemble et le détail de leurs responsabilités encore existantes, de leurs préoccupations et de leur vouloir actuels ; elle est troublée, soutenue, éclairée par les influences des individualités corporelles et incorporelles avec lesquelles elle se trouve en rapports.

Moins un individu corporel impose son vouloir à son imagination et la laisse à ses préoccupations, plus elle est déréglée et faible aux influences extérieures ; plus son état psychique est équilibré et développé, mieux son imagination reste sous la dépendance de son vouloir, et plus tous deux ont de force et de rectitude constantes.

État psychique d'une individualité, la résultante actuelle de toutes les conditions et possibilités de ses influences et de ses manifestations intimes et extérieures, et de celles ambiantes qu'il doit subir.

Les influences et manifestations d'une individualité incorporelle sont psychiques et virtuelles ; celles d'une individualité corporelle sont physico - chimiques et psycho-physiologiques.

Les influences et manifestations qu'ont le plus à redouter les individualités corporelles des individualités incorporels sont celles du mensonge ; plus un incorporel est encore victime des non-bien qu'un corporel a commis dans ses vies antérieures, plus il peut contre ce dernier le non-bien d'essayer de l'influencer en le trompant.

Tout être, avec, ou sans organisme, qui a fait des mensonges et des promesses illusoires à d'autres êtres ; qui a pris, sans les tenir, des engagements envers eux ; ou a commis tout autre non-bien dont ils restent directement ou indirectement, victimes ; s'est mis dans la possibilité, pour une ou plusieurs de ses vies, de subir leurs influences pernicieuses,

Liberté et **Licence**, deux possibilités qui se détruisent l'une l'autre.

Pour qui que ce soit :

La liberté n'est et ne peut être que sa possibilité de chercher, de connaître, de combattre ce qui est nuisible ; de chercher, de connaître, de conquérir ce qui est utile au plus rapide et parfait développement réalisable, actuellement, de son moi : Elle existe là où règne la Solidarité.

La licence est sa possibilité (toute entière composée de despotisme et de servilité) de chercher à se satisfaire sans se préoccuper de ses droits et devoirs, ni de ceux des autres : Elle est toujours un des résultats de l'anarchie.

Vertu et **Vice**, la pratique d'actes utiles ou nuisibles à la Solidarité.

Suivant les cas, le même acte peut être vertueux ou vicieux ; exemple : l'acte générateur opportun et fécond est nécessaire à l'individu et à la collectivité à laquelle il appartient, il satisfait à la loi de Solidarité qui lie tous les êtres : Il est vertueux ; mais quand il est répété abusivement, il n'est pour l'individu que la satisfaction égoïste et décevante de mobiles personnels, il devient de plus en plus nuisible à tous : Il est vicieux.

Individu, un être qui n'est vu que dans un de ses organismes :

L'individu a une vie éphémère ; l'être, une existence éternelle.

Aptitude et **Immunité**, des résultats avantageux ou fâcheux pour un être ; ils lui résultent de ses acquisitions ou de ses non-bien antérieurs.

Manifestations d'un être, Intérieures, ses rayonnements intimes ; ils sont produits par son état psychique et sont perçus par les autres êtres au moyen du leur ; ils peuvent n'être connus que de lui et d'autres êtres beaucoup plus avancés.

Plus un être a de supériorité de développements sur un autre, plus il peut influencer, atmosphériquement, celui-ci dans son organisme et le connaître, psychiquement, dans les plus fugitives manifestations de son vouloir.

Extérieures, les rayonnements de

son état psycho-physiologique, les inférieurs sont sans cesse modifiés par les influences ambiantes.

Le degré d'énergie et de rectitude extérieures de tout rayonnement dépend surtout de l'état d'équilibre de l'organisme qui le manifeste.

Toute manifestation d'un être, la plus infime et la plus intime de son vouloir, agit physico-chimiquement sur toutes les individualités de son organisme, et psycho-physiquement sur toutes celles où s'étendent ses rayonnements psychiques et physiques.

Temps et **Espace**, des termes de convention, dont, pour chaque être, la valeur intrinsèque varie du moins au plus en s'approchant indéfiniment d'un attribut parfait : Le **Présent-Infini**.

Affinité, Attraction, Sympathie; des degrés d'une même sollicitation, laquelle ne permet point aux êtres de vivre en dehors de toute association et les attire d'autant plus les uns vers les autres que leurs acquisitions s'égalent, se complètent et s'entr'aident.

Tous les êtres sont en relations dans la nature ; ils agissent et réagissent physiquement et psychiquement constamment les uns sur les autres.

Justice, un attribut qui est comme tous parfait en la **Cause-Première** et toujours en perfectibilité chez tous les êtres, qui pour chacun d'eux est le principe, la nécessité, le critérium de sa liberté, de son égalité, de ses droits et devoirs, de sa bonté et de son bonheur.

Droit, Devoir, Utilité, Justice, Egalité sont des faces de la Solidarité.

Hélas, jusqu'à présent, la base des lois et conventions humaines a été l'opposé de la Justice et un attentat contre la Solidarité qui est l'obligation universelle, la loi des lois, l'amour dans sa plus haute acception.

La Solidarité coordonne tous les êtres et leur demande une respective subordination : Elle fait chacun d'eux cause et effet, moyen et but du développement général.

Droit et **Devoir,** les deux faces d'une même obligation : Vouloir énergiquement pour tous ce que l'on veut pour soi ; conquérir pour soi et pour tous toute la somme possible d'avantages que comporte le milieu où l'on se meut.

Bonheur, l'usage parfait de tout son droit et de tout son **devoir** ; seul, cet usage donne à chaque individu toute sa liberté possible.

Vérité, l'expression fidèle de la réalité.

Chaque être a la possibilité et le **devoir** ; la **nécessité** d'en connaître toute la parcelle qui lui est actuellement accessible et correspond au sommet du développement que lui permet son organisme actuel.

Science, la connaissance des réalités, de leurs causes et de leur principe, de leurs effets et de leur conclusion.

Elle doit partir de l'observation rigoureuse de tous les phénomènes dans l'infinité de l'espace et du temps, en remontant et en descendant méthodiquement et expérimentalement la chaîne de leurs causes et celle de leurs effets possibles, pour en induire leur origine et en déduire leurs conséquences les plus éloignées.

Dans toutes les parties de cette science générale, l'homme en est encore aux tâtonnements; mais il la réalisera promptement quand l'intérêt individuel n'obscurcira plus ses recherches, car elle est la révélation nécessaire, la seule possible.

Philosophie, la science des sciences ou science des causes et des effets, en même temps que des possibilités et des applications individuelles et collectives de tout le savoir humain; de ce savoir elle coordonne toutes les parties en les vérifiant les unes par les autres.

Elle se constituera dans l'humanité; elle en sera le lien, la religion, la règle de justice, de bonté, de Solidarité; elle sera simple, claire, concordante avec tous les faits de la nature

CONCLUSION DE LA PREMIÈRE ÉTUDE

Je clos ici l'exposé de mon testament philosophique et social par cette 27e et dernière proposition :

Tout ce qui existe évolue par la Solidarité.

Nous, êtres humains, pour nos besoins, nos aspirations, notre perfectionnement, nous avons la nécessité urgente de chercher et d'aider l'établissement d'une société harmonique dans laquelle, — **tous sans exception** — nous jouirons individuellement, par choix et équivalence, d'un droit égal sur toutes les valeurs qui se consomment et se détruisent par l'usage; fruits : Des forces et richesses naturelles, des acquisitions antérieures de l'humanité, des travaux et avantages sociaux (les forces et richesses naturelles, les acquisitions collectives de l'humanité — indivisiblement et par droit imprescriptible — appartiennent à toutes les générations); nous aurons nos immunités, nos aptitudes, nos facultés étudiées, harmonisées et utilisées à notre profit et à celui de tous; nous bénéficierons de toute la somme possible de bien-être, de sécurité, de liberté, de savoir, d'émulation : **de développement** ; nous remplirons, dans la division du travail, par la réciprocité des services, des fonctions dissemblables, mais équivalentes ; nous serons socialement égaux.

Alors, seulement, chacun aura la plus grande individualité possible dans la Solidarité de tous ; le règne de l'homme sur l'homme sera fini, celui de Dieu commencera ; il n'y aura plus ni spoliateurs ni spoliés, ni dupeurs ni dupes, ni exploiteurs ni exploités ; nous n'aurons plus entre nous ni motifs, ni prétextes de ruses, de luttes et de haines ; il ne nous sera plus impossible de joindre nos efforts dans une association mutuelle pour chercher, connaître, vaincre ou modifier tout ce qui est nuisible ; chercher, connaître, conquérir tout ce qui est utile au plus grand bien de tous et de chacun ; nous aurons tout avantage, plaisir et facilité à être complètement solidaires les uns des autres.

Finalement, chacun de nous pouvant acquérir la plus grande somme possible de **bonté** que puisse atteindre l'être humain, tous nous pourrons accomplir harmonieusement notre ascension présente.

Les propositions ci-dessus ne sont pas une découverte personnelle, mais l'œuvre condensée du travail collectif de l'humanité ; qui doit et devra toujours les vérifier par les faits, lesquels eux-mêmes se trouveront éclairés par elles : un seul fait, **bien constaté**, qui leur serait contraire, les infirmerait.

Pour qu'elles soient examinées dans des discussions et par des recherches aussi complètes et rigoureuses que possible, je les dédie et les lègue à la Société d'Anthropologie de Paris, parce qu'elles sont surtout du domaine des sciences anthropologiques.

Je lègue à son laboratoire mon organisme actuel, sitôt que je ne l'animerai plus ; afin que par lui utilisé, il serve scientifiquement la vérité qui seule est essentielle pour nous guider.

Pour terminer, je demande que ce qui ne sera point utilisable de mon organisme soit incinéré si la loi le permet ; sinon, qu'il soit enterré dans la fosse commune par le convoi des plus déshérités sociaux, mes frères le mieux aimés ; et, qu'incinéré ou enterré, avec une copie du présent testament, il ne soit occasion à **aucune, aucune cérémonie.**

Entre la **Cause-Première** et un être quelconque, il n'est ni oraison salariée, ni intermédiaire officiel efficace.

Écrit et signé en plusieurs expéditions le 2 novembre 1882, à Paris, rue Rollin, n° 3, dans la plénitude de mes facultés physiques et intellectuelles, de ma volonté et de ma liberté d'esprit et d'action.

Édouard Boulard ∴

Républicain,

Collectiviste-Intégraliste-Révolutionnaire.

DEUXIÈME ÉTUDE

ORGANISATION

PREMIÈRE PARTIE

Lecteur, si tu es un chercheur ami de la vérité, cette courte et sincère étude t'est soumise et dédiée.

Elle est un résumé fidèle des travaux de toutes sortes que ne cessent de poursuivre et de propager les vrais serviteurs de la Justice-Éternelle, cette nécessité sociale de l'humanité.

Ces amis de l'équité poursuivent leurs travaux par l'observation rigoureusement méthodique, dans leurs causes et dans leurs effets, de toutes les lois naturelles et de tous les faits sociologiques connus.

Ces travaux, ils les propagent à leurs risques et périls,au bénéfice de tous,pour mettre fin et retirer toute possibilité future aux exploitations d'homme par d'autres hommes.

Les efforts de ces amants véritables de l'humanité sont dénaturés, calomniés, bafoués par des êtres ayant la face humaine et l'égoïsme bestialement étroit.

L'humanité, hélas, a encore ses parasites, ses frelons, ses renards, ses loups, ses reptiles.

Ces derniers avec un bagage de faux savoir pontifient des morales conventionnelles, métaphysiques et lucratives, tirées de prétendues révélations surnaturelles ; de philosophies positivistes, mais si peu positives ; de doctrines d'économie politique, échafaudées de négatives éruditions ; de déductions pseudo-scientifiques, basées sur la connaissance incomplète de quelques faits observés, seulement, dans leurs apparences et leur isolement.

Dans leurs élucubrations intéressées, ces orgueilleux docteurs de l'erreur, exploiteurs de l'ignorance qu'ils enseignent et des iniquités dont elle est la source, accusent les socialistes révolutionnaires d'être — ce qu'ils sont eux-mêmes : — avilissants, ambitieux, fourbes, dupeurs ou fous.

Quelques-uns osent même avouer que s'il était à leur pouvoir de distinguer, dès leur naissance, ces révolutionnaires criminels ou fous, qui essaieront de détruire l'ordre social et la hiérarchie qui en découle, ils ne reculeraient pas à en débarrasser l'humanité ! !

Ces rusés maîtres fourbes dissimulent, dans leurs discours et dans leurs écrits, que c'est l'état anarchique dont nous souffrons tous, que les socialistes conséquents veulent détruire, pour le remplacer par une organisation harmonique et une Solidarité effective.

Dans la duplicité de ces exploiteurs de l'anarchie sociale actuelle, cette aberration est un des effets, logiquement monstrueux, de l'artificiel intérêt individuel affolé.

Elle est un des maux effroyables qui, depuis des milliers de siècles, se perpétuent et s'aggravent dans l'humanité, parce qu'elle viole sa loi naturelle : la Solidarité.

Les êtres humains, dès leurs premières évolutions sur la planète Terre, pouvaient se donner entre eux des relations harmonieuses en solidarisant leurs efforts.

Tout au contraire, ils se sont faits des mœurs et des lois conventionnelles qui mettent chacun d'eux en lutte avec lui-même et avec chacun des autres, qui lui font une nécessité de faire prévaloir son intérêt personnel envers et contre tous; d'où, inévitablement, les égoïsmes, les hypocrisies, les suspicions, les fraudes, les ruses, les luttes, les haines qui divisent tous les hommes et sont les causes de presque toutes leurs maladies, leurs misères et leurs erreurs.

En ce moment, dans tous les groupements humains, grandes et petites nationalités, les résultats sociaux économiques sont épouvantables ; la suspicion et la haine des citoyens les uns envers les autres, sont très graves et vont toujours augmentant; enfin les plus imminents dangers intérieurs et extérieurs — sinon les plus sérieux et les plus terribles — viennent de ce qu'une inévitable lutte à mort est engagée entre les travailleurs et le capitalisme.

Le capitalisme est le résultat d'accumulations individuelles de produits du travail, soustraits à ses producteurs; une pieuvre insatiable; une forme déguisée et perfide de domination de l'homme sur l'homme; une puissance démoralisatrice et impitoyable, qui va en augmentant, de plus en plus, dans un nombre de mains, de moins en moins, nombreuses.

Par le capitalisme, les travailleurs sont de plus en plus exploités, de moins en moins regardés comme des hommes, réduits à être des misérables dans une abondance qui est leur ouvrage.

Le capitalisme est la forme moderne de la féodalité, une des productions barbares et anti-humaines de *l'individualisme*, ce mobile artificiel et despotique du « *Chacun pour soi.* »

Les différentes formes féodales ont, partout et toujours, la précaution de s'entourer d'une hiérarchie d'intermédiaires afin de se garantir dans le milieu social, qu'elles tyrannisent, pour en conquérir et en accaparer tous les avantages.

Quand des formes féodales voient leurs privilèges trop menacés par des revendications environnantes, elles se coalisent internationalement pour se débarrasser des revendicateurs ; elles arrivent alors à faire se haïr et s'entre-tuer, sous prétexte de patriotisme, des malheureux qui ne se connaissent pas, des malheureux qu'elles exploitent et spolient,qu'elles trompent et aveuglent.

Aujourd'hui,les choses en sont arrivées à une intensité telle,qu'exploités et exploiteurs du capitalisme ont une nécessité urgente, immédiate, à le supprimer, en socialisant pacifiquement, évolutivement ou révolutionnairement,mais le plus rapidement possible, toutes les acquisitions antérieures de l'humanité,toutes les forces et richesses naturelles.

S'il ne s'entendent pas, sans délai,pour obtenir ce résultat, ce qui est moins au pouvoir des exploités que des exploiteurs, ils sont entraînés, inévitablement, à se servir les uns contre les autres de tous les moyens possibles de destructions ! les uns pour se débarrasser des autres et de leur égoïsme de brutes,ceux-ci pour maîtriser ceux-là, s'ils le peuvent. ???

C'est à cette heure où l'humanité est menacée par **elle-même** des plus terribles dangers,à la suite desquels ses meilleures acquisitions et son existence *même* peuvent être englouties, que des hommes à l'instinct d'autruche, ne voulant pas voir le péril, fulminent, ne pouvant faire plus, contre les citoyens qui veulent en faire disparaître les causes par des moyens efficaces, et démasquent les palliatifs intéressés dont l'inutilité, de plus en plus constatée, accumule des malentendus et des fureurs désespérées de destruction et de carnage.

Eh bien, ce sont et les docteurs sans vergogne dont il est question plus haut, et leurs soutiens plus ou moins conscients, ces impudents et imprudents personnages qui ferment les yeux pour ne pas voir, qui se bouchent les oreilles pour ne point entendre, parce que, dans nos agglomérations anarchiquement organisées, ils possèdent ou cherchent à posséder des privilèges et des monopoles, ces causes secondaires et incessantes des misères individuelles et de la mort prématurée, de *l'assassinat anonyme* d'un nombre de plus en plus considérable de citoyens par les meurtrières conditions sociales qu'ils sont contraints de subir sous le despotisme de l'arbitraire organisé par d'iniques et hypocrites légalités.

Hélas, cet assassinat social, ce crime de lèse-humanité ne trouble pas les ambitieux, les satisfaits, les indifférents et les poltrons ; mais ces égoïstes, paralysés de l'intelligence et du cœur, s'effraient d'avoir leurs illusions menacées, d'avoir leur digestion troublée, d'avoir la peur d'avoir peur !!!

Dans leur infime minorité tapageuse, tous ces obtus égoïstes nient les besoins et la misère du plus grand nombre.

Ils crient bien haut pour se donner du courage :

« Que les socialistes révolutionnaires,
« s'ils ne sont pas des ambitieux et des
« dupeurs voulant pêcher en eau trouble,
« sont au moins des songes-creux utopi-
« ques et fous, poursuivant la destruction
« d'un état social qui fonctionne et une
« illusion, sur laquelle ils se refusent à
« réfléchir, pour ne pas voir son impossi-
« bilité de fonctionnement. »

Les individus qui parlent ainsi mentent sciemment ou sont des ignorants volontaires :

Depuis longtemps, en toutes sortes d'occasions, les collectivistes-intégralistes-révolutionnaires ont indiqué les grandes lignes de fonctionnement de l'organisation sociale harmonique dont ils poursuivent l'avènement.

C'est sur leurs données que j'ai condensées, qu'est établi le petit résumé suivant.

DEUXIÈME PARTIE

Une Société harmonique ou intégralement collectiviste a pour base la *Justice*.

Elle ne peut être composée que d'associés égaux entre eux (hommes et femmes).

Pour ces associés la liberté de penser, de parler, de se réunir, de se coaliser est illimitée ; les limites de leurs licences, dans les actes, sont exactement pareilles.

Elle est une organisation de réciprocité et de garanties mutuelles : chacun pour tous, tous pour chacun.

Tous les efforts et les avantages sociaux y sont spécialisés et centralisés dans des services publics.

Tout son travail s'accomplit en fonctions dissemblables, par des coopérateurs intelligents et libres.

Tous sont producteurs équivalents, bénéficiaires égaux, assureurs et assurés solidairement unis contre toutes les éventualités perturbatrices.

Son activité a pour but l'entretion, la sauvegarde, le développement de la vie pour tous; d'assurer toute la somme possible de bien-être, de sécurité, de liberté, de savoir, d'émulation, de **développement** à chacun.

Elle est combinée, répartie, divisée, subdivisée autant qu'il est nécessaire, afin que chacun de ses participants ait ses obligations sociales variées, faciles, attrayantes, courtes, efficaces, débarrassées de tout ce qui peut les rendre fatigantes, pénibles, malsaines ou dangereuses.

Ses groupes principaux de services publics ont pour objet les opérations suivantes:

ENTRETIEN DE LA VIE :

1° Utiliser et transformer les forces et richesses naturelles en produits de consommations, de protections et de relations.

2° Rechercher les conditions, les divisions et les subdivisions les plus efficaces à employer pour cette utilisation et ces transformations.

3° Rechercher, améliorer, perfectionner les engins, procédés et moyens employés à cette utilisation et à ces transformations.

4° Contrôler, comparer et coordonner les divers travaux ci-dessus et leurs résultats.

5° Rechercher les meilleurs procédés et moyens de circulations, de centralisations et de distributions de tous les produits qui se consomment et de tous ceux qui se détruisent par l'usage, afin que chaque associé puisse en choisir sa part.

6° Essayer et mettre en pratique les procédés et moyens de circulations (terrestres, maritimes, aériens), jugés les meilleurs.

7° Essayer et mettre en pratique les procédés et moyens de centralisations, jugés les meilleurs.

8° Essayer et mettre en pratique les procédés et moyens de distributions, jugés les meilleurs.

9° Contrôler, comparer et coordonner les travaux ci-dessus et leurs résultats.

10° Rechercher et essayer toutes les conditions de signes représentatifs de droits individuels aux divers avantages sociaux, de relations et d'échanges entre les différents services publics.

11° Faire les opérations relatives à la circulation des signes représentatifs des droits, des relations, et des échanges dans la collectivité.

12° Contrôler, comparer et coordonner les travaux ci-dessus et leurs résultats.

13° Rechercher les procédés et moyens relatifs aux échanges les plus favorables avec les autres Sociétés humaines.

14° Rechercher et essayer toutes les conditions de valeurs représentatives d'échanges avec les autres Sociétés humaines.

15° Faire les opérations relatives à tous les échanges internationaux (exportation).

16° Faire les opérations relatives à tous les échanges internationaux (importation).

17° Contrôler, comparer et coordonner toutes les opérations relatives aux échanges internationaux et leurs résultats.

SAUVEGARDE DE LA VIE :

1° Rechercher les causes de troubles et de désorganisations provenant de l'organisme humain.

2° Rechercher les procédés et moyens pour combattre et détruire ces causes, en prévenir et réparer les effets.

3° Essayer et mettre en pratique ces procédés et moyens.

4° Contrôler, comparer et coordonner tous les travaux et résultats relatifs à l'organisme humain.

5° Rechercher les causes de troubles et...

de désorganisations provenant du milieu social national.

6° Rechercher les procédés et moyens pour combattre et détruire ces causes, en prévenir et réparer les effets.

7° Essayer et mettre en pratique ces procédés et moyens.

8° Contrôler, comparer et coordonner tous les travaux et résultats relatifs au milieu social national.

~~~~~~

9° Rechercher les causes particulières et générales de troubles et de désorganisations provenant de la flore, de la faune, du climat et du sol.

10° Rechercher les procédés et moyens pour combattre et modifier ces causes, en prévenir et réparer les effets.

11° Essayer et mettre en pratique ces procédés et moyens.

12° Contrôler, comparer et coordonner les divers travaux ci-dessus et leurs résultats.

~~~~~~

13° Rechercher les causes pouvant amener des difficultés avec chacune des autres

Sociétés humaines, les moyens de combattre et de détruire ces causes ; applications de ces moyens.

14° Contrôler les efforts et les moyens appliqués à l'harmonie sociale extérieure et leurs résultats.

15° Rechercher les engins, procédés et moyens pour se défendre des agressions éventuelles des autres Sociétés humaines.

16° Créer ces engins, les entretenir et les perfectionner.

17° Utiliser ces engins ; mettre en pratique les procédés et moyens de défense nationale contre les agressions extérieures.

18° Contrôler, comparer et coordonner tous les travaux et résultats relatifs à la défense nationale. (1)

---

(1) Quand une première société collectiviste se sera établie, elle sera d'abord en butte à toutes les animosités des dirigeants des sociétés individualistes environnantes ; mais, bientôt, ces dernières se transformeront, deviendront, elles aussi, collectivistes ; et finiront par se fondre dans une grande fédération communiste humaine.

19° Centraliser, coordonner et améliore tous les procédés et moyens pour réparer individuellement et collectivement, tou les effets fâcheux provenant de n'import quelles causes. (Vieillesse, accidents, maladies, etc., etc.)

DÉVELOPPEMENT DE LA VIE :

1° Rechercher les meilleures conditions les procédés et les moyens pour que le mères, pendant toute la période de leu gestation, puissent transmettre au germe qu'elles portent les impressions les plus favorables.

2° Rechercher et essayer les meilleurs procédés et moyens pour que les enfants dans leurs premières années, soient excités à l'exercice, à l'observation, au jugement, à la spontanéité, à l'intuition, afin que — physiquement et intellectuellement — ils se développent harmonieusement.

3° Vulgariser et essayer, socialement, de plus en plus, les meilleurs procédés et moyens pour le développement harmonieux de l'enfant à l'état embryonnaire et dans ses premières années.

4° Contrôler, comparer et coordonner les essais, travaux et résultats relatifs au développement harmonieux de l'enfant dans sa vie intra-utérine et ses premières années.

5° Rechercher les meilleures méthodes, les procédés et moyens pour que l'enfant, dans son âge deuxième, se familiarise avec la pratique et la théorie de la Solidarité ; qu'il s'approprie graduellement — physiquement et intellectuellement — les premiers éléments d'hygiène, de chant, de gymnastique, de natation, de travail et de science ; qu'il soit, de plus en plus, incité à chercher, à juger, à agir, à se connaître et à se contrôler. (Études primaires).

6° Essayer et mettre en pratique les méthodes, procédés et moyens pour le développement harmonique des études primaires.

7° Contrôler, comparer et coordonner les essais, méthodes, travaux et résultats relatifs au développement harmonique des études primaires.

8° Rechercher les meilleures méthodes, les procédés et les moyens pour que l'enfant, de son âge deuxième à sa puberté, continue encyclopédiquement son harmonieux développement; qu'il soit poussé à réfléchir, à analyser, à synthétiser, à généraliser le plus possible; à suivre les divers détails des travaux sociaux, à en étudier physiquement et intellectuellement la pratique. (Études secondaires).

9° Essayer et mettre en pratique les méthodes, procédés et moyens reconnus les meilleurs pour le développement encyclopédiquement harmonique des études secondaires.

10° Contrôler, comparer et coordonner les méthodes, essais, travaux et résultats relatifs au développement harmonique des études secondaires. (1)

---

(1) Les études secondaires ne pourront être commencées par aucun enfant avant qu'il ait dix ans; tout l'enseignement qui les précède devra lui être donné de façon concrète : En provocant ses questions, en lui donnant toujours des réponses appropriées à son intelligence, ainsi que des leçons de choses de plus en plus compliquées.

11° Rechercher les méthodes, procédés et moyens pour que, de plus en plus, les jeunes gens, à la fin de leurs études secondaires à 21 ans ; Développent leurs études des différents travaux sociaux physiques et intellectuels ; étudient et discutent, librement, entre eux, les systèmes généraux, les théories et les hypothèses principales des divers groupes de connaissances exactes ; recherchent et expérimentent les moyens de reconnaître ce que le témoignage des sens à d'illusoire et de réel ; qu'en même temps, ils s'habituent aux exercices, exigences et difficultés de l'état présumé de défense nationale contre les agressions extérieures, et s'exercent à de respectives et fraternelles subordinations : chacun d'eux, dans tous ses travaux, remplissant alternativement des fonctions d'exécutions et de direction. (Études complémentaires).

12° Essayer et mettre en pratique les méthodes, procédés et moyens relatifs aux études complémentaires.

13° Rechercher les meilleures méthodes, les procédés et les moyens pour que les jeunes hommes et les jeunes femmes, leurs études complémentaires accomplies, aient leurs aptitudes supérieures mises en lumière et développées. (Études spéciales).

14° Essayer et mettre en pratique ces méthodes, procédés et moyens.

15° Rechercher, essayer, mettre en pratique et utiliser au profit de la collectivité toutes les aptitudes individuelles intégralement développées et harmonisées. (1)

16° Contrôler, comparer et coordonner tous les essais, travaux et résultats relatifs aux études complémentaires et spéciales, au développement et à l'utilisation de toutes les aptitudes individuelles.

~~~~~~

17° Rechercher toutes les possibilités d'incitations et d'émulations aux poursuites et découvertes individuelles et collectives de jouissances sociales hygiéniques

---

(1) Dans une société où toutes les aptitudes individuelles seraient développées et utilisées comme valeurs sociales équivalentes, tous les citoyens seraient de plus en plus stimulés *altruistement* à produire tout ce qui leur est possible ; toutes les individualités de non-valeurs et de perturbations sociales disparaîtraient rapidement.
~~~~~~

et fortifiantes, artistiques et scientifiques.

18° Réaliser toutes ces possibilités.

19° Contrôler, comparer et coordonner les recherches, les essais, la mise en pratique et les résultats relatifs aux incitations, émulations et jouissances sociales.

20° Rechercher de nouveaux et plus étendus avantages sociaux dans les acquisitions humaines antérieures, les forces et richesses naturelles.

21° Essayer et mettre en pratique toutes les récentes acquisitions et découvertes sociales.

22° Rechercher et mettre en pratique toutes les possibilités de rapprochements, de fédération, de fusion avec tous les autres groupes humains ; par : La propagande de la Solidarité ; des échanges, des conventions, des congrès, des expositions, des traités de toutes sortes ; la création, le perfectionnement incessant et la propagation d'un langage (mimé, parlé, écrit.) universel, simple et clair, mathématico-caractéristique, onomatopique et conforme aux indications de la nature ; etc ; etc.

23° Contrôler, comparer et coordonner les divers travaux ci-dessus et leurs résultats.

24° Rechercher et mettre en pratique les conditions et les moyens pour que tous les citoyens puissent toujours, facilement, librement, pacifiquement, se mouvoir dans la Société dont ils sont les unités intelligentes et libres ; y choisir des fonctions qui y sont nécessaires, et qu'ils peuvent utilement accomplir ; y remplir leurs réciproques obligations ; y jouir intégralement de leur part dans tous les avantages collectifs ; en connaître, contrôler et discuter tout le fonctionnement.

25° Étudier, établir, publier continuellement l'histoire et la statistique de chacun des services sociaux.

Ces soixante-et-une principales divisions de l'activité sociale ne seront que des points de repère servant à établir les indispensables groupes généraux des services publics.

Ces groupes généraux de services publics ne pourront être instaurés d'un seul coup.

Ils seront autant subdivisés qu'il sera utile pour l'efficacité, l'excellence du but à atteindre et des moyens à employer ; ils se pénétreront et se complèteront les uns les autres ; ils seront toujours modifiables et en tendance au mieux possible.

Les services publics seront constitués pour prévoir, combattre, détruire ou modifier les causes perturbatrices des intérêts collectifs et individuels, en réparer les effets ; chercher, organiser, améliorer et répartir entre tous également tous les avantages sociaux.

Les avantages sociaux, répartis également entre tous, conservent, développent et solidarisent tous les réels intérêts individuels.

La nature, dans l'infinité de l'espace et du temps, ne comporte que des existences éternelles et autonomes, l'ensemble de leurs manifestations qui sans cesse se transforment et se détruisent, et les lois immuables qui régissent toutes les possibilités (1).

Ces existences éternelles ont eu, simultanément, à l'origine, une même identité ; depuis, dans les limites de leur liberté, de moins en moins restreintes, elles évoluent et se perfectionnent de différentes façons, elles deviennent de plus en plus dissemblables dans leur développement et leurs manifestations ; mais la nature les laisse continuellement solidaires et coopératrices entre elles, par une respective subordination ne leur permettant jamais impunément des inégalités hiérarchiques ; donc :

La coopération sociale égalitaire est conforme aux lois naturelles et ses effets sont avantageux à tous ; tandis qu'une hiérarchie d'inégalités sociales n'est qu'un résultat artificiel et fugitif de

(1) Il y a les lois naturelles, elles sont éternelles, et des causes artificielles elles sont transitoires. Il faut que les hommes apprennent à connaître les premières pour s'y conformer ; les secondes, résultent pour les êtres de leur emploi égoïste et inintelligent de ce qu'ils ont de liberté.

mobiles factices que se donnent des individus qui se dupent eux-mêmes, et ses conséquences, toujours, leurs sont pernicieuses.

La Justice, l'Egalité, la Liberté, l'Utilité, le Droit et le Devoir sont de la Solidarité des faces pareilles, inséparables et indispensables : tout ce qui, socialement, en amoindrit une, amoindrit toutes les autres.

Sans égalité, la Solidarité est impossible, la liberté et la sécurité n'existent pour personne ; tous sont soumis au despotisme de l'égoïsme individuel : chacun est, plus ou moins, victime et bourreau.

L'égalité sociale produit de bons fruits ; l'inégalité, des fruits mauvais.

La réelle égalité sociale ne peut exister que dans une organisation de Solidarité intégrale dans laquelle l'intérêt particulier s'identifie à celui général ; où chaque individu a ses intérêts se confondant avec ceux de chacun des autres et où il est une cellule fonctionnant autonomiquement au profit de tous.

Au point où sont l'état cérébral de l'humanité, les antagonismes, les besoins et les moyens sociaux, cette organisation est urgente, elle est la seule réalisable ; la seule qui peut à chaque individu — en retour de sa part d'efforts donnés à la Solidarité — assurer toute sa liberté et tous les avantages possibles pour sa consommation, ses productions, ses actes individuels, l'épanouissement de toutes ses facultés et aptitudes dans ses œuvres (scientifiques, artistiques, etc.); et lui donner les moyens de développer et d'affirmer toutes ses supériorités vraies.

Cette organisation ne peut être composée que de citoyens égaux socialement entre eux ; fonctionnaires libres et intelligents dans ses services publics ; lesquels sont ses organismes, ses organes et ses organites.

Elle ne peut comporter ni gouvernement, ni hiérarchie, ni privilèges.

Cette indispensable organisation sera : car la nécessité oblige, de plus en plus, chaque homme à employer son activité libre et consciente pour créer un milieu harmonique à ses besoins réels, à ses aspirations : à son **développement.** (1)

Si les hommes continuaient d'avoir l'intérêt individuel pour base de leurs relations, il est certain que l'espèce humaine, sans avoir accompli son progrès évolutif, disparaîtrait de la terre comme tant d'autres espèces inférieures, dont on ne retrouve que des traces paléontologiques : L'ennemi le plus cruel et le plus destructeur de l'homme, c'est lui-

---

(1) Aucun individu ne peut jamais à lui seul suffire à ses besoins ; plus il est développé, plus — pour conquérir ce qui lui est nécessaire — l'entente avec tous ses semblables lui est indispensable ; s'il est en lutte avec l'un d'eux, il en souffre et son évolution en est, momentanément, atteinte.

Toute collectivité, de même que toute espèce, n'existe et n'évolue que par les individus. Quelques-uns, d'abord, dans chaque espèce en cherchent et en acquièrent les qualités possibles et supérieures. Ce sont ces qualités qui permettent évolutivement leur passage à d'autres espèces plus développées ; mais, avant, ils servent d'initiateurs à leurs congénères qui devront, eux aussi, conquérir ces mêmes qualités.

Plus une espèce est développée, plus son principal milieu lui donne de possibilités et lui impose de Solidarité pour qu'elle les puisse réaliser et accomplir son évolution vitale.

même; tant qu'il n'a d'autre but que les satisfactions illusoires de son égoïsme.

Si au contraire les hommes — qui ne sont en réalité que les animaux, les êtres organiques les plus développés sur notre planète, ceux dont les limites de liberté sont les moins restreintes — emploient ce qu'ils en possèdent pour agir suivant la loi universelle, la Solidarité, ils se débarrasseront de toutes les afflictions et de toutes les maladies qui les torturent; ils acquéreront des immunités, des aptitudes, des facultés nouvelles et plus étendues; ils modifieront à leur profit leur organisme et tous les milieux sur et dans lesquels ils se meuvent; et ils transformeront l'espèce à laquelle ils appartiennent.

La base des relations humaines conformes aux lois naturelles s'établira sur un point, d'où elle rayonnera dans toute l'humanité; car les erreurs et les ignorances individuelles qui méconnaissent ces lois ont des conséquences anarchiquement désastreuses, mais momentanées et restreintes, disparaissant avec lescauses artificielles qui les produisent; tandis que la vérité, qui les constate, est immuable éternellement et a ses effets harmoniquement avantageux, permanents et illimités.

L'erreur provient de faux-savoir et de conceptions égoïstes, ses aspects innombrables sont de plus en plus démasqués par l'altruitisme et le savoir réel.

La vérité est une, elle est de mieux en mieux entrevue par les masses et démontrée par la science, qui est la seule révélation nécessaire et possible.

Il n'y a pas de fatalités, mais toute cause artificielle et tout moyen mauvais produisent,inévitablement, des effets et des résultats pernicieux.

Il est impossible d'enrayer, d'amoindrir,de faire disparaître des effets malfaisants, sans en connaître, combattre, détruire ou modifier la cause.

La révolution n'est pas un résultat,un but, elle est un moyen.

Il faut que ce moyen soit socialement rendu bon pour que ses conséquences soient avantageuses à tous et ne puissent plus être exploités contre les travailleurs.

Il faut que les travailleurs sachent bien que tous leseffets nuisibles dont ils sont victimes, proviennent de l'inégalité sociale; résultat forcé; de l'appropriation individuelle: Des acquisitions antérieures de l'humanité, des forces et richesses naturelles.

Il faut qu'ils connaissent clairement le but à atteindre, ainsi que les vrais et meilleurs moyens pour le conquérir ; afin de ne plus se laisser duper par ceux qui les exploitent aujourd'hui, ni par ceux qui voudraient les exploiter demain.

Il faut qu'ils ne se laissent point égarer à de vaines manifestations, ni à la poursuite de modifications stériles et sans lendemain ; mais qu'ils concentrent toutes leurs énergies en des efforts dont les résultats immédiats seront indestructibles, efficaces, rapides, pratiques et justes.

Il faut que chacun d'eux accomplisse fidèlement son devoir de Solidarité ; qu'il défende sans faiblesse le droit des autres comme le sien, sa liberté et celle de ses adversaires ; qu'il veuille énergiquement tout ce qui est possible et sérieux dans les transformations sociales altruistes.

Les principes et les besoins sociaux, les moyens généraux de les satisfaire, ci-dessus indiqués, ont été cherchés, observés, reconnus par les collectivistes-intégralistes-révolutionnaires dans la nature de l'homme et dans les conditions où il se meut.

Ces principes, besoins et moyens sociaux ne sont pas les détails de l'existence individuelle et collective dans l'harmonique société future, mais ils en sont les bases de fonctionnement.

Les collectivistes-intégralistes-révolutionnaires sérieux, scientifiques, altruistes ne disent et n'écrivent que ce dont ils sont certains : ils le mettent en pleine lumière.

Pour se garder d'erreurs et de tromperie, ils ne précisent jamais les détails futurs, qui résulteront de facteurs qui se modifient sans cesse.

L'humanité, par son développement actuel et ses acquisitions

antérieures, acquiert de plus en plus facilement de nouveaux avantages qui, contre toute équité, deviennent surtout la proie de quelques-uns ; elle a les facteurs de ses sociologies en variations incessantes et imprévues, chacune de ces variations y perturbe et y divise davantage les intérêts individuels ; aussi, nul cerveau humain ne peut prévoir ce que les sociétés individualistes d'aujourd'hui seront demain

Dans l'Organisation collectiviste-intégraliste-révolutionnaire toutes les modifications seront étudiées et voulues ; elles apporteront du profit à chaque ind.vidu et de la fraternité à tous.

CONCLUSION
DE LA DEUXIÉME ÉTUDE

Le collectivisme-Intégral-Révolutionnaire est l'organisation du milieu social conformément aux conditions indispensables à la sécurité et au perfectionnement des individus et de l'espèce ; elle y fait logiquement diminuer et disparaître les causes d'atavisme et d'égoïsme, naître et se développer celle de l'altruisme.

Cette organisation ne comporte ni autoritarisme, ni dictature ; elle rend facile et agréable à tous une Solidarité effective ; elle donne à chacun toute sa liberté et son développement possibles ; elle achemine évolutivement, rapidement, au Communisme harmonieux et universel, forme sociale nécessaire au bonheur réel des individus et à l'évolution dernière et définitive de l'espèce.

TROISIÈME ÉTUDE

VOIES ET MOYENS

Amis lecteurs, j'essaie ici de vous tenir la promesse que je vous ai faite dans la deuxième étude du présent ouvrage.

J'espère vous y avoir démontré l'urgente nécessité d'une transformation radicale de toutes nos relations sociales.

Qu'elle ne peut s'opérer que par une révolution complète de la base qui leur a servi de pivot jusqu'à présent ; à toutes les époques de notre humanité et sur tous les points de notre planète.

La réalisation de cette révolution fait, maintenant, partie d'un problème inéludable dont la solution a toujours été un devoir pour l'humanité ; dont, pourtant, elle ne s'est encore occupée qu'iniquement et empiriquement.

Ce problème, dont l'importance s'affirme de plus en plus sous le nom de **Question-Sociale**, s'impose rigoureusement à nous tous pour notre existence.

Chaque homme, aujourd'hui, doit, pour sa sécurité et sa conscience, se demander, sans retard et sérieusement, qu'est-ce que la **Question-Sociale** ?

Dois-je, et, si oui, comment puis-je

coopérer à la résoudre le plus rapidement possible.

Chaque homme qui se demande qu'est-ce que la **Question-Sociale** est obligé de réfléchir, de reconnaître qu'il a des besoins impérieux et des aspirations au mieux-être.

Que pour satisfaire ses besoins et ses aspirations,il lui est indispensable d'avoir des relations avec les autres hommes ; d'obtenir leur concours en toutes circonstances.

Alors il voit que la **Question-Sociale** l'oblige à chercher, à connaître, à aider la réalisation de toutes les conditions nécessaires pour que la société dont il fait partie lui donne toutes les satisfactions possibles.

Il constate que cette question existe pour tous, comme pour lui.

Mais toute question a sa formule,comment exprimera-t-il celle-ci ?

Deux manières générales peuvent lui paraître possibles :

L'une, ou des mobiles illusoires de son

étroit égoïsme l'influencent : l'autre, que son intérêt bien compris lui fait entrevoir.

S'il persiste à vouloir la première, qui tend à prolonger, par des palliatifs, l'absurde anarchie actuelle ; c'est qu'il y est ou veut y être exploiteur ; c'est un égoïste ambitieux, satisfait, indifférent ou poltron ; c'est un être encore dans les bas-fonds humains ; c'est un malfaisant fauteur de révolutions sanglantes.

Passives ou actives, les résistances aux transformations nécessaires obligent, pour les vaincre, les exploités les plus pacifiques à employer la violence, afin de se soustraire aux abus, monopoles et privilèges dont ils sont victimes.

Comme il est possible, présumable même, hélas, que des chocs, des destructions, des carnages épouvantables surgiront de l'antagonisme aigu entre les bipèdes arriérés qui croient avoir bénéfice à soutenir l'état social individualiste et les hommes qui, par nécessité, intelligence, humanité, cherchent à le transformer rapidement et radicalement ; je veux, dans une autre étude (le jour et le lendemain de la révolution), chercher avec vous, citoyens lecteurs, comment les conséquences désastreuses de ces terribles extrémités ne pourront point — comme dans tous les cas analogues du passé — être exploitées par une minorité égoïste et rusée contre une majorité trompée et aux prises avec des besoins urgents et inéluctables.

Ce — qu'à ce moment et sans retard — il sera indispensable de faire pour mettre, définitivement, fin à toute possibilité future de luttes, de duplicités, de spoliations entre les membres de la nouvelle association humaine.

Ici, je me joins à toutes les intelligences que leur amour d'eux-mêmes ne rend pas fous.

A celles qui désirent mettre en lumière et servir la seconde possibilité d'exprimer le problème de la **Question-Sociale.**

A tous ceux qui, par altruisme ou par intérêt bien raisonné, veulent vraiment agir en hommes, en cherchant, sérieusement, à résoudre ce problème qui intéresse chacun de nous et l'humanité toute entière.

Je leur dis, mes amis, poursuivons ensemble la solution du problème qui s'impose à notre raison, et, pour qu'elle soit plus facile à trouver, donnons une forme claire à nos recherches.

Pour nous aider, faisons appel à l'expérience générale humaine, nous en apprendrons :

Que tous les hommes aspirent au mieux-être et au bonheur.

Que chacun d'eux s'en fait un idéal différent.

Que les aspirations et les besoins ne paraissent pas les mêmes chez tous ; qu'il est nécessaire que chacun puisse apprécier les siens, pour en modifier les parties artificielles.

Que nul homme ne peut réellement se juger et juger les autres ; se modifier ; connaître et satisfaire ses aspirations et ses besoins naturels ; s'il ne possède toute la somme possible de bien-être, de sécurité, de liberté, de savoir, d'émulation ;

de **développement** que peut donner le milieu social où il évolutionne.

Que, dans un milieu social quelconque, un seul homme déshérité de l'un des droits ci-dessus est une menace et un péril pour tous les autres.

Ainsi, en interrogeant sincèrement l'expérience universelle de l'humanité, nous en apprenons que la répartition intégrale et égale entre tous de toutes les conditions sociales de bien-être, de sécurité, de liberté, de savoir, d'émulation : de **développement** est indispensable et suffisante aux possibilités collectives et individuelles de Solidarité, de sécurité, de bonheur.

Un des résultats indéniables de nos recherches nous donne donc, pour notre problème, l'énoncé suivant :

1° Trouver les conditions indispensables à une organisation sociale où tous — **sans exception** — posséderont toute la somme possible de bien-être, de sécurité, de liberté, de savoir, d'émulation : de **développement.**

2° Trouver les moyens équitables, efficaces, pratiques, rapides pour conquérir ces conditions ; établir cette organisation et la rendre indestructible.

3° Faire la preuve que cette organisation est nécessaire ; qu'elle est indispensable au bien de chaque individu et à celui de toute la collectivité ; qu'elle est la seule possible ; qu'elle est conforme aux lois naturelles ; qu'elle est évolutive.

En résolvant la deuxième partie de notre problème, nous verrons si, vraiment, il y a devoir et nécessité pour chaque homme à faire tous ses efforts pour que ce problème soit promptement résolu.

Nous verrons, également, quelles sont pour tous les raisons qui motivent ce devoir et cette nécessité.

Afin de résoudre scientifiquement notre problème, faisons encore appel à l'expérience universelle, elle nous montrera clairement :

Qu'aucun individu ne peut vivre dans l'isolement.

Que, réunis dans un milieu quelconque,

des individus dont les efforts ne s'accordent pas ne peuvent obtenir ce qui leur est absolument indispensable que par des luttes incessantes, difficiles et meurtrières.

Qu'unissant leurs efforts, ils obtiennent, pour chacun d'eux, plus et de meilleurs résultats.

Que plus ils sont en grand nombre dans une association harmonique, plus — par la division du travail — sont nombreux, divers et supérieurs les avantages qu'ils obtiennent avec moins d'efforts.

Qu'ils ne peuvent réaliser longtemps cette association harmonique, si l'un d'eux peut s'y approprier plus d'avantages et de droits que les autres ; car, pour acquérir cette prééminence, il est toujours incité à la chercher, à la conquérir, à la conserver au détriment de ses associés.

Que l'égalité sociale n'existe point là où les avantages et les droits sociaux sont inégalement répartis.

Que quand, pour une cause ou une

autre, l'inégalité sociale s'est établie entre des hommes tous en souffrent.

Qu'elle s'accentue, de plus en plus, tant que la cause dont elle résulte n'est pas détruite.

Qu'il y a toujours divisions, luttes et haines entre les hommes sitôt qu'ils sont inégaux socialement.

Que plus leurs inégalités sociales sont fortes, plus leurs luttes sont nombreuses, diverses, contradictoires et terribles.

Enfin, que pour aucun d'eux ne doivent être limitées les possibilités d'acquérir par ses travaux, mais sans nuire aux droits des autres, toutes les jouissances individuelles possibles qui ne troublent pas l'égalité et l'harmonie sociales.

De toutes ces constatations, il ressort :

Qu'une organisation harmonique est nécessaire.

Qu'elle devra n'avoir aucune possibilité d'inégalité des conditions sociales entre ses membres.

Qu'elle devra leur imposer à tous une réciprocité absolue ; leur donner une liberté égale, débarrassée de toute entrave sociale autre que celle de cette réciprocité.

Mais, pour que dans une organisation il n'y ait aucune possibilité d'inégalité des conditions sociales entre ses membres, il faut :

Qu'elle possède toutes les sources directes et indirectes des avantages sociaux.

Qu'aucun de ses associés ne puisse jamais s'en approprier la moindre parcelle.

Pour qu'elle donne à chacun toute sa liberté possible, et toutes les possibilités de s'approprier, sur les résultats sociaux, tout ce qui est nécessaire à son existence et à son développement, il faut :

Qu'elle produise abondamment.

Qu'elle soit organisée sur une coordination de stricte et égale réciprocité.

Que toutes les fonctions y soient équivalentes.

Que tous ses membres y soient fonctionnaires.

Qu'elle ne demande à chacun d'eux qu'un minimum de concours.

D'où la solution suivante, que nous obtenons à la première partie de notre problème :

L'organisation sociale, dont notre devoir est de poursuivre la réalisation, devra être une association de solidaire, intégrale et mutuelle assurance.

Elle devra développer harmoniquement et intégralement, puis utiliser, les aptitudes et les facultés de tous ses membres.

Elle devra exiger de chacun d'eux, en lui donnant toute possibilité d'être libre dans ses choix de producteur et de consommateur, un minimum indispensable de réciproques, de fraternelles et d'égales ou équivalentes subordinations et activités sociales.

Elle devra chercher et réaliser scientifiquement pour tous une abondante production physique et intellectuelle répondant à toutes les aspirations et à tous les besoins naturels.

Elle devra posséder la propriété collective, inaliénable, indivise de toutes les sources directes et indirectes de tous les avantages sociaux : forces et richesses naturelles, acquisitions de toutes sortes faites par l'humanité alors qu'elles produisent des résultats exploitables ou consommables collectivement ; cela, afin de pouvoir assurer à chacun de ses membres — **par l'égalité et la Solidarité** — toute la somme possible de bien-être, de sécurité, de liberté, de savoir, d'émulation : de **développement**. (1)

Par le procédé que nous avons employé, nous avons maintenant, une réponse claire à la première partie de notre problème :

Nous savons où nous voulons aller.

Nous connaissons le but que nous voulons atteindre.

Pour trouver les autres solutions qui nous sont nécessaires, continuons donc

---

(1) (Ma précédente étude indiquant la nature et les grandes lignes de cette organisation, je n'ai pas à y revenir ici).

nos recherches, comme nous les avons commencées, par la méthode expérimentale, la seule logique, la seule fructueuse.

Par cette méthode et pour ce que nous cherchons, l'étude rigoureuse des faits nous démontre :

« Que, dans la nature : Rien ne sort de rien ni ne s'anéantit ; tout se transforme par des acquisitions réelles et progressives éliminant, successivement, celles fictives et stationnaires ; pas une acquisition réelle n'est le résultat d'actions brusques et violentes, toutes proviennent d'efforts intelligents et prolongés. »

(Par suite, nous ne pouvons espérer la plus grande perfection possible de notre état social altruiste futur qu'en poursuivant énergiquement sa réalisation par la transformation persistante, méthodique et coordonnée de tout ce qui existe dans notre état social égoïste actuel).

« Que tous les maux qui accablent l'humanité lui proviennent des moyens égoïstes : violents, fourbes, iniques, hypocrites que ses membres ont employé et emploient encore les uns contre les autres. »

(Nous devons donc, pour profiter de ce que l'observation et l'expérience nous enseignent, faire notre révolution sociale par des moyens altruistes : francs, équitables, clairs et fermes).

« Que dans nos anarchiques sociétés actuelles, chacun de leurs membres est incité : à se mettre hypocritement en mesure avec les lois écrites ; à fouler au pied les commandements des lois naturelles ; à chercher ses avantages sociaux au détriment de ceux de tous les autres ; qu'on n'y pourrait trouver une seule situation où, sans sacrifier ses intérêts sociaux, un citoyen puisse complètement être honnête vis-à-vis de la justice éternelle. »

(Cette constatation nous commande ; d'être indulgents entre nous, révolutionnaires impitoyables envers les conventions et les institutions anti-naturelles qui nous régissent, de prendre les mesures les plus rigoureuses contre les égoïstes inintelligents et orgueilleux qui s'en font les champions et les soutiens).

«Que dans nos milieux sociaux de luttes et d'égoïsmes, n'importe quelle réforme ou quelle entreprise ne peut réussir, si ceux qui la veulent ne voient et ne poursuivent pas le même but, ne s'entendent pas sur : Le rôle de chacun d'eux, les difficultés à éviter, la méthode à employer, la sériation des mesures à prendre.

(Donc, il faut que tous les travailleurs et les hommes d'honneur se rendent compte que leurs adversaires, plus ou moins masqués, cherchent toujours : A égarer leurs efforts sur des moyens inutiles ou inefficaces ; et à les stériliser en les faisant se dissiper sur de nombreux et contradictoires palliatifs ; que pour lutter avantageusement contre ces duplicités hypocrites, lâches et cruelles de ceux qui croient avoir intérêt à conserver l'état individualiste, il leur est nécessaire de trouver un **premier** programme de conciliations et de propagande, sur lequel ils concentreront, socialement, toute leur activité, leur énergie et leur intelligence.)

« Que l'exploitation de l'homme par

l'homme se continue et s'aggrave, de jour en jour, sous la protection de légalités impitoyables aux faibles et aux travailleurs ; monstrueusement indulgente aux puissants et aux exploiteurs ; que les spoliations et les violences — **moins que les hypocrisies et les duplicités législatives** — sont les causes des iniquités sociales et de leur perpétuation.

(Donc, les plus grands criminels dans nos milieux sociaux ne sont pas les assassins, les voleurs, les capitalistes qui, en dernière analyse, sont les produits logiques de nos anarchiques organisations sociales ; mais bien les ambitieux qui sollicitent nos mandats, nous promettant de faire nos affaires et qui ne cherchent qu'à faire les leurs).

Ces coquins, dupant leurs électeurs, sont le plus redoutable et le plus pernicieux excitant de la mauvaise foi générale; ils sont les auteurs réels de ce que les mauvaises conditions sociales se perpétuent et s'aggravent ; que, par elles, un nombre de plus en plus considérable de citoyens meurent avant leur époque normale, c'est-à-dire sont assassinés anonymement et légalement).

Mais comment les mandataires ont-ils pu, jusqu'à présent, tromper leurs mandants et échapper à toute responsabilité ?

Comment les mandants sont-ils continuellement dupés, ridiculisés, spoliés par ceux qui, en réalité, ne devraient être que les serviteurs de leur volonté ?

Comment le suffrage universel leur a-t-il été, jusqu'à ce jour, une duperie ; comment ce moyen, qui devrait leur être utile, leur est-il préjudiciable ?

Les réponses à ces questions nous donneront celles nécessaires à la deuxième partie de notre problème ; en les cherchant, nous prendrons nos exemples en France ; c'est partout à peu près pareil.

Nos recherches nous ont appris :

Qu'un candidat loyal ne s'engage pas envers ses mandants à faire triompher leurs revendications ; mais à faire naître toutes les occasions possibles de servir celles-ci sans crainte ni défaillance.

Qu'il n'a pas à s'abriter derrière les mandats des autres, mais à affirmer le sien quand même et toujours.

Que la probité lui commande de résilier ce mandat aux citoyens qui le lui ont donné, sitôt qu'il ne peut en tenir les engagements.

Que quand il escroque la confiance qui lui a été donnée, c'est un misérable qui mérite la mort.

Que les mandataires du peuple (conseillers, députés, sénateurs) lui ont toujours fait présenter et accepter des mandats contenant de nombreux articles raisonnants mais creux, souvent en contradiction les uns avec les autres, tous palliatifs et inefficaces.

Ces habiles dupeurs arrivent, ainsi, à ne tenir aucune de leurs promesses ; à prolonger l'incertitude, l'inquiétude et l'ignorance générales.

Ils sont, plus ou moins, privilégiés du capitalisme et veulent y faire leur part de plus en plus grosse ; aussi, loin de chercher à faire disparaître les privilèges et les monopoles qui écrasent les faibles et les travailleurs, mais dont est fait le plus clair de leurs rentes, ils prolongent les anciens et en créent, sournoisement, de nouveaux.

Ils aliènent de plus en plus le sol national, ce qui est le plus criminel des actes ; car il spolie le plus grand nombre au bénéfice monstrueux de quelques-uns, et il est la cause d'un salariat dégradant, qui produit l'esclavage le plus terrible qu'ait encore enregistré l'humanité : celui de la faim.

Les uns, avec une habileté de ruse indéniable, commencent pompeusement des discours à teintes un peu socialistes ; tout à coup ils s'arrêtent dans cette voie, qui est celle qu'ils avaient promis à leurs électeurs de parcourir, et leurs conclusions ne sont plus du tout en rapport avec leurs prémisses.

Pourquoi ?

C'est que si leurs appétits les incitent à chercher la popularité, leurs rentes et leur situation leur fait craindre d'être logiques et les fait dupeurs.

D'autres écrivent, dans des journaux à étiquette républicaine, avec cette facilité qu'on apprend au collège de dire blanc et noir sur le même sujet, de nombreux et pompeux articles sur tels et tels monopoles.

Peuvent-ils commettre ces mauvaises actions sans qu'elles leur servent à de secrets et inavouables intérêts ?

D'autres, enfin, se contentent de voter pour des monopoles où ils n'ont pas d'intérêt pécuniaire, parce que leurs copains, qui en ont, leur révaudront cette complaisance.

Tous, en fait, s'occupent de leur moi et se moquent de leurs électeurs.

Si ces derniers se récrient et parlent de révolution, ces messieurs n'en ont cure et les laissent crier : Ils savent qu'une révolution ne vient pas parce qu'on la prêche ; mais ils oublient qu'elle ne peut être reculée quand la mesure est comble.

S'ils avaient autant de cervelle que de

ventre, ils devraient craindre, en se mettant à table, que les meurt-de-faim ne viennent les anéantir avant la fin de leur repas.

Tous ces dupeurs, ne voulant que satisfaire leurs appétits au détriment de l'intérêt public, exaltent ou critiquent ce qu'ils appellent le suffrage universel, en raison de ce qu'il leur rapporte ou de ce qu'il leur refuse.

Ils devraient n'en être que les serviteurs ; mais ils le traitent en maîtres et veulent le façonner au mieux de leurs intérêts privés, en cherchant :

A obscurcir les questions sur lesquelles il est appelé à se prononcer.

A en restreindre le droit et la portée.

A le faire fonctionner dans les seules conditions où son verdict peut leur être favorable.

A allonger, au moyen de subterfuges, le temps de leur mandat, dont la durée, déjà beaucoup trop longue, n'a pas été voulue primitivement par les électeurs ; mais leur a été imposée, par leurs mandataires, après coup et frauduleusement.

Quant à ceux qui n'ont rien à espérer de lui, et ceux qui redoutent ses décisions au point de vue de leur égoïsme étroit, ils l'accusent de toutes sortes de méfaits dont, en lui-même, il est bien innocent.

Quand les travailleurs voient ainsi menacé le moins mauvais moyen dont ils peuvent espérer leur affranchissement, ils doivent pour leurs enfants, leurs camarades et eux-mêmes faire tous leurs efforts pour le sauvegarder ; et aller **même** jusqu'à la révolte sans crainte ni merci : **Elle est alors leur droit et leur devoir.**

Dans ce cas, comme dans tous ceux où leurs droits primordiaux sont attaqués par de leurs concitoyens égoïstes et cruels ou par des agressions venant d'au-delà des frontières de leur patrie, il faut qu'ils soient bien pénétrés de cette vérité affirmée par l'expérience des siècles : que leur avantage, la justice et le bien de l'humanité leur commandent de frapper aussi haut qu'ils le peuvent.

Supprimer les principaux fauteurs de mesures iniques qui contraignent leurs concitoyens à la guerre civile.. et le souverain ou le ministre auteur d'une guerre d'agression, c'est un acte méritoire : La vie sacrifiée d'un de ces coquins en épargne un nombre considérable d'autres honnêtes et utiles.

La justice éternelle veut que la vie d'un homme vaille celle d'un autre homme ; donc, c'est un acte de cette justice que d'anéantir un misérable dont les agissements sont les causes de la boucherie d'un grand nombre d'êtres humains.

Cette justice ne donne à personne — individu ou collectivité — le droit de punir un être malfaisant, ni de s'en venger ; mais elle fait un devoir à tous, par solidarité, de le mettre dans l'impossibilité de nuire ; en prenant à son égard tous les moyens efficaces, même celui de sa destruction, s'il est nécessaire.

Revenons aux divers mandats actuels et remarquons que si tous, sans exception, pouvaient être votés et appliqués :

Aucun travailleur n'aurait son lendemain plus certain et sa bouchée de pain plus forte.

Personne n'aurait sa sécurité mieux assurée.

C'est bien ce que savent ceux qui légifèrent, non pour, mais contre nous ; aussi veulent-ils, par tous les moyens, éloigner le plus possible le mauvais moment, pour eux,où leurs dupes s'en apercevront.

Alors, ils nous cherchent des trompe-l'œil, des fausses pistes ; ils nous crient :

Le cléricalisme voilà l'ennemi ; et ils rêvent de nous faire accepter un clergé national.

La dictature voilà le danger ; ils nous imposent la leur qui est anonyme ; laquelle ne reculerait pas devant le plus effroyable massacre des socialistes, si ces derniers leur en donnaient l'occasion.

Il nous faut, pour garantir la République ? établir des lois : De protections pour nos actes de législateurs ; de répressions contre la licence ? de ceux qui nous déconsidèrent publiquement : de renouvellements partiels des assemblées qui dépendent du suffrage universel, et dont nous sommes membres; de stabilité sociale en supprimant les élections accidentelles ; etc ; etc.

Hélas, les histrions qui parlent ainsi ne se préoccupent que de leurs misérables intérêts : Ils cherchent à tromper l'opinion publique, à mutiler sournoisement notre embryon de suffrage universel et, sous prétexte de défendre la République, ils mettent, sciemment, son existence et les nôtres en péril.

Laissons de côté, pour l'instant, toutes les duplicités des dupeurs législatifs ; et voyons comment nous en prémunir pour l'avenir.

Mais, avant, occupons-nous de la conduite que nous devons tenir alors que, de leurs palinodies, il sort telle ou telle situation qui, leur créant des rivaux dans la curée des bénéfices, divise, déroute, affole l'opinion publique.

Nous, socialistes conscients et sincères qui cherchons sérieusement les moyens pour que tous trouvent leur place au banquet de la vie, nous devons, alors, plus que jamais, nous sentir les coudes et redoubler nos efforts de propagande.

Nous ne devons prendre partie ni pour, ni contre les uns ni les autres ; mais, les laissant se disputer entre eux, démontrer le plus possible, qu'au fond, tous, ils ne cherchent qu'à satisfaire leurs appétits ambitieux aux frais des faibles et des travailleurs.

Nous devons, sur un programme simple, clair, concis, efficace, grouper tout ce que nous pouvons rallier d'adhérents aux idées socialistes et nous apprêter à profiter de toutes les fautes des individualistes ; pour apporter, au moment décisif, le poids de nos efforts et de notre courage au bénéfice de la Révolution sociale que nous poursuivons.

Tout ce que nous savons de la vie des sociétés humaines — jusqu'à présent — nous apprend que, dans n'importe laquelle d'elles, quand ceux qui vivaient de l'exploitation du plus grand nombre se sont, violemment, disputés entre eux les bénéfices de cette exploitation, si les exploités ont fait le jeu des uns ou des autres, ils en ont toujours été les victimes ; qu'au contraire, s'ils se sont recueillis pour imposer leurs revendications à leurs tyrans, alors que ceux-ci se sont affaiblis et démasqués les uns par les autres, ils n'ont jamais manqué de se débarrasser, momentanément, d'une partie de leurs chaînes.

Si, jusqu'à ce jour, il n'y a eu que des exploiteurs et des exploités, c'est que ces derniers n'ont pas su et voulu s'entendre pour détruire la cause primordiale de l'exploitation dont ils sont les esclaves ; aussi, l'humanité dans tout son long martyrologe, dont elle est l'auteur et l'acteur, où elle est bourreau et victime, ne nous a montré que des oscillations entre un peu plus et un peu moins de despotisme et de servilité : à ses conquêtes d'apparences de liberté et de justice, a toujours succédé un despotisme civil, anonyme et odieux, suivi d'une dictature soldatesque, violente et religieuse...

Le peuple a brisé ses tyrans la veille ; mais il a faim :

Il est dépossédé de la richesse naturelle d'où sortent toutes les choses qui lui sont nécessaires ; il manque de tout, on lui promet l'abondance ; il s'abandonne ; il abandonne ses droits : Le tour est joué ; son exploitation passée se continue sur une nouvelle étiquette ; il n'est plus esclave, il est serf ; il n'est plus serf, il est salarié. En fait, sa situation s'aggrave toujours.

De tout ce qui est ci-dessus, il ressort, pour nous, la connaissance du devoir et de la nécessité que nous avons de mettre tous nos efforts à protéger, élargir, éclairer le suffrage dit universel ; à nous en bien servir, en faisant nous-mêmes, entre nous, un programme général de revendications socialistes simples, claires, concises, efficaces, comprenant des précautions sérieuses et une sanction inéludable.

Dans toutes nos sociétés individualistes et pourries d'aujourd'hui, tout mandat qui n'a pas de sanction est lettre morte.

Notre tâche est donc, maintenant,

d'établir ce programme avec tous les éléments que nous avons rassemblés et qui nous donnent la connaissance :

Du but que nous avons à atteindre.

De la situation où nous sommes.

De la première étape que nous avons à parcourir.

Des duperies dont nous avons à nous garantir.

Ce programme devra pouvoir être accepté de tous les sincères républicains, qui ne peuvent être que de vrais socialistes :

Il devra être tel, qu'il puisse leur servir de drapeau et leur permette de se séparer, en les démasquant, de tous les exploiteurs et aspirants exploiteurs qui se masquent et abritent leur mauvaise foi sous les étiquettes de républicains, de socialistes, de révolutionnaires, d'anarchistes, de collectivistes, etc., etc. (1)

(1) Travailleurs n'oubliez jamais que vos ennemis les plus terribles sont les égoïstes qui mettent la ruse et l'hypocrisie de leurs appétits à voler les étiquettes ci-dessus et, par elles, vous escamotent des mandats dont ils font lettres mortes.

Il devra être un point de repère sur lequel tous les travailleurs puissent s'entendre.

(Ils ne doivent l'accepter qu'après l'avoir discuté et contrôlé entre eux).

L'ayant fait leur, afin de le propager et de le faire aboutir,ils doivent se concerter en toutes occasions et prendre, de préférence,comme mandataires des camarades ayant la conscience haute et ferme, du bon-sens et un profond sentiment de Justice.

Leurs duplicités étant la cause impitoyable de vos souffrances, vous devez être sans pitié pour eux : rien ne les obligeait à prendre, et ne les oblige à garder votre mandat, s'ils ne peuvent le remplir avec toute leur conscience et toute leur énergie.

Mais il faut vous rappeler aussi : que si chaque mandataire social est justiciable de tous les citoyens, il ne l'est que de ses infidélités au programme qu'il a signé et sur lequel il a été élu ; que pendant et à propos de son mandat, personne n'a le droit de lui demander autre chose que d'être fidèle à ses promesses écrites.

Donc, travailleurs, si vous ne voulez plus être dupes de mandats illusoires, ni complices de dupeurs, si vous voulez avoir des mandataires responsables envers vous, il faut que vous vous entendiez ensemble pour leur donner un programme clair, sérieux, efficace : jugez si celui qui suit a ces qualités.

Programme général de la première étape républicaine socialiste.

(Ce Programme, collectiviste-intégraliste-révolutionnaire, est imposé, par les électeurs, aux candidats à n'importe quel mandat).

Le citoyen... collectiviste-intégraliste-révolutionnaire, candidat au mandat de...., s'engage sur son honneur envers ses électeurs, tous les Français et l'humanité toute entière par le présent programme qu'il accepte ; qu'il signe en plusieurs expéditions sur papier timbré ; et qui sera affiché partout où besoin sera ; à en défendre et propager, en toutes circonstances, l'esprit et la lettre.

Art. 1er.— Réclamer continuellement qu'aucun mandat politique ou social ne puisse jamais : Dépasser la durée d'une année, sans être renouvelé dans une nouvelle élection ; se cumuler avec une fonction gouvernementale rétribuée ou une situation, même gratuite, dans une société financière ; s'obtenir que du suffrage des électeurs du milieu où il s'exerce, et parles citoyens et citoyennes qui en possèdent les conditions requises : Les conditions indispensables à l'obtention de chaque mandat doivent être établies par des actes législatifs soumis au référendum du suffrage universel; il faut que les mandats de : Délégué à l'exécutif, juges, maires, etc, etc., rentrent dans la règle générale.

Les mandats qui ont une durée prolongée sont imposés au peuple par la fraude; ils ne servent qu'à le duper : Les mandataires arrivant toujours, vers la fin de leur mandat, à donner un semblant de satisfaction à leurs mandants.

Quoiqu'il arrive, le candidat, étant élu, donnera sa démission le... : s'il a bien accompli son mandat, ses électeurs le renommeront ; sinon, un autre le remplacera.

L'agitation et les réunions électorales ne peuvent que profiter à la propagande des idées socialistes et à la révolution sociale.

Art. 2. Proclamer, en toutes circonstances, qu'aliéner, si minime portion que ce soit, du sol de la patrie commune ; y créer ou y prolonger des lois d'exceptions, des monopoles et des privilèges, ce sont les plus grands crimes sociaux ; les origines de toutes les inquiétudes, de toutes les luttes, de tous les maux dont, tous, nous souffrons.

S'opposer énergiquement à toutes les lois d'exceptions : Elles ne sont que des expédients de politiqueurs aux abois, et ne profitent jamais à l'équité, ni aux faibles et aux travailleurs ; à toute création nouvelle et à toute prolongation de privilèges et de monopoles.

Dénoncer, sans merci, la moindre inexécution du cahier des charges de toute entreprise monopolisante; réclamer, **quand même**, son exécution stricte et des dommages et intérêts, au profit des communes et de la nation, pour toutes les infractions qui y seraient faites.

Les financiers qui se font adjuger, par les pouvoirs publics, un monopole veulent opérer, par lui des bénéfices sur l'ensemble du travail national ; ils ne doivent pas pouvoir échapper aux obligations qu'ils ont contractées.

Jusqu'à présent, quant ils font des spéculations qui périclitent, ce sont leurs clients qui sont ruinés, et les gouvernants, pour augmenter la bourse de ces financiers, leur donnent des garanties d'intérêts qu'ils prennent dans le budget national.

Ce budget n'est alimenté, par reconduction, que des réductions de salaires faites à tous les citoyens qui travaillent utilement.

Réclamer des lois pour que, dans la nation, il ne puisse plus être aliénés, même temporairement, ni sous-sol, ni sol, ni sur-sol.

Que, dans l'état propriétaire, chaque commune établisse, gère et entreprenne, de plus en plus, tout ce qui peut y devenir propriétés collectives et tout ce qui peut s'y faire collectivement; l'Etat, par la force des choses et de plus en plus, deviendra l'association intime de tous les citoyens libres et égaux.

Réclamer, en toutes occasions, que les communes et la nation créent, de plus en plus, des services publics inaliénables ; à commencer par ceux répondant aux besoins les plus généraux, les plus actuels, les plus urgents.

Le premier à établir est celui de l'habitation.

A lui seul, par ses résultats économiques et sociaux, il rapprochera les citoyens les uns des autres ; il permettra de supprimer, rapidement, les plus forts et les plus iniques impôts actuels : les impôts indirects.

Ces impôts accablent, hypocritement les travailleurs : En réalité, seuls les travailleurs paient des impôts.

Par le service public de l'habitation, les travailleurs échapperont, de plus en plus, aux monopoleurs les plus durs et les plus onéreux pour eux : les propriétaires individuels.

Réclamer des lois pour que la nation et les communes — au moyen de rentes viagères individuelles non transmissibles ; mais qui pourront être reversées au décès de leurs titulaires sur leurs héritiers, dans les conditions stipulées pour les héritages à la loi de finances réclamée à l'article 4 — puissent reprendre, au mieux de l'intérêt général, toutes les propriétés, les privilèges et les monopoles pouvant être socialisés : Banques, mines, etc, etc.

(La nation et les communes pourront, d'abord, les exploiter en se servant des salariés nationaux qui y étaient employés ; en modifiant, progressivement, les conditions de leurs appointements, afin de s'approcher, de plus en plus, de ce principe : L'égalité des rétributions par l'équivalence des fonctions.)

Art. 3 — Refuser le payement de toute dépense qui est faite en dehors de budgets régulièrement établis.

Réclamer tous les documents qui peuvent, efficacement, servir à contrôler ces budgets.

Que dans ces documents toutes les dépenses soient indiquées par : La quantité et l'objet de chacune d'elles, l'indication de chaque catégorie de fonctionnaires qui émargent au budget, le nombre de fonctionnaires qu'il y a dans chacune de ces catégories, la somme d'appointements perçus dans chaque fonction.

Que toutes les fonctions soient rétribuées.

La suppression du Sénat et des : Fonds secrets, budjets de cultes, garanties d'intérêts, subventions, cumuls, sinécures, allocations, gratifications.

La réduction des gros traitements et l'élévation des plus faibles ; lesquels ne doivent plus être inférieurs à 150 francs par mois dans les villes qui ont 30.000 habitants.

Que la durée du travail dans les emplois au-dessous de 3.000 francs ne dépasse pas 8 heures par jour et 6 jours par semaine; que cette durée ne soit jamais moindre pour tous les emplois payés plus que cette somme.

Un ministre, un cantonnier, un garçon de bureau, un maire, etc., sont des serviteurs de la collectivité: La collectivité doit payer tous ses serviteurs; les surveiller toujours rigoureusement, mais sans méfiance préconçue.

Art. 4.— Réclamer une nouvelle loi de finances qui abolisse la coutume de tester et pose, en principe, que celle de l'héritage sera supprimée progressivement; excepté pour les valeurs qui se consomment et se détruisent par l'usage, c'est-à-dire qui ne peuvent être, par nature, considérées comme propriétés collectives.

Que, présentement, seuls restent aptes à hériter : en première ligne les époux; en deuxième, les enfants ; en troisième, les petits enfants ; en quatrième, les pères et mères ; en cinquième, les frères et sœurs ; en sixième, les neveux et nièces ; en septième, les petits-neveux et petites-nièces; en huitième, l'Etat.

La première ligne existante excluant toutes les autres, et ainsi de suite.

Que la part d'héritier d'un des époux ne pourra excéder 3.000.000 de francs de capital ou 100.000 francs de rentes, celle de chacune des autres personnes 600.000 francs de capital ou 20.000 francs de rentes, que le surplus de chaque héritage appartiendra à l'État.

Qu'au décès de toute personne qui détient une portion quelconque du sol, cette portion sera mise en vente publique.

Que la commune, le département ou l'État pourra l'acheter dans les mêmes conditions que tous les autres acquéreurs qui pourront se présenter ; que, si l'adjudication reste à un ou plusieurs de ces derniers, elle soit grevée, au profit de l'État, d'un droit immédiat de mutation de 10 pour 100.

Que toutes les valeurs, portant intérêts, soient ramenées au titre nominatif dans un délai de six mois ; après lequel toutes celles qui auraient été conservées au porteur seraient frappées, jusqu'à leur conversion, d'un droit de 5 pour 100, dont les Compagnies et les Sociétés financières seront comptables envers l'État. (1)

Art. 5.— Réclamer, sur les associations, une loi abrogeant toutes les précédentes.

Donnant aux membres de celles-ci toute liberté de penser, de parler, de se réunir,

---

(1) Pour éviter toute difficulté internationale, il faudra beaucoup de prudence dans la rédaction des lois que nécessitera l'exécution des mesures, de très grande importance sociale, que demande ce paragraphe.

de se coaliser; tant que, par aucun de leurs actes, ils n'empiètent sur cette même liberté chez aucun autre citoyen; leur interdisant la possession d'aucune partie du sol national; l'accaparation d'aucune matière première, ni d'aucun objet de nécessité.

Donnant un an à toutes les associations qui détiennent du sol national, pour qu'elles mettent en vente publique leurs propriétés terriennes dans les conditions stipulées à l'article 4; sont exceptées de cette mesure les compagnies et les sociétés qui le possèdent en vertu de lois stipulant que leurs exploitations doivent, à date fixe, faire retour à l'État.

Défendant que l'État, les départements, les communes mettent en location, quoique ce soit de ce qui leur appartient, pour une exploitation privée quelconque.

Art. 6.— Poursuivre, en remplacement de l'assistance publique actuelle, la formation d'un service public général de solidarité mutuelle contre tous les maux sociaux: vieillesse, infirmités, maladies, accidents, etc, etc.

Réclamer que dans l'enseignement supérieur, surtout aux chaires d'anthropologie, de biologie, de physiologie, de psychologie, de philosophie, d'études sur les civilisations comparées, à côté de l'enseignement officiel et officieux,il soit institué — sur l'individualisme et le collectivisme dans la nature et particulièrement dans l'humanité — des recherches, des cours, des conférences, des discussions libres et contradictoires entre professeurs d'opinions différentes, attachés ou non à l'enseignement officiel.

Qu'avec une sanction efficace, il soit interdit aux auditeurs toute manifestation pour ou contre; Afin : de laisser l'opinion publique s'éclairer librement ; que les professeurs aient toute la liberté et toute la responsabilité de leurs enseignements et de leurs affirmations.

Art. 7.— S'opposer à toute tentative pouvant restreindre le suffrage dit universel ; chercher toutes les occasions de le rendre de plus en plus complet et éclairé : il est nécessaire que la femme dont les fonctions sociales sont, de par nature, au moins aussi importantes que celles de l'homme, puisse devenir, le plus tôt possible, électeur et éligible à tous les mandats.

Réclamer que toutes les séances des assemblées élues et que tous les votes de leurs membres soient publics et publiés : Toute action qui, en quelque occasion que ce soit, a besoin du secret, ne peut être une action complètement avouable et utile à la collectivité.

Appuyer par ses votes toutes les propositions qui concorderont avec les nécessaires mesures ci-dessus ; combattre énergiquement toutes celles qui leur sont contraires.

ENGAGEMENTS SPÉCIAUX (1)

. . . .

. . . .

Le candidat, s'il est élu, s'engage :

Pour la durée de son mandat et l'année suivante, à n'accepter aucune fonction gouvernementale rétribuée ou pouvant

---

(1) A la localité où est posée la candidature.

l'être ; aucune situation, même gratuite, dans une société ou compagnie financière.

A verser à son comité électoral — qui doit être composé de tous les électeurs qui désirent en faire partie — le cinquième de ses appointements de mandataire ; afin que ce comité : Puisse toujours surveiller et contrôler ses votes et ses actes ; lui en demander compte ; propager, par tous les moyens possibles, ce programme de propagande socialiste et première étape collectiviste.

A subir toujours et en n'importe quel lieu — s'il vient à manquer à un seul des points que comporte son présent mandat — l'affichage public de sa félonie.

Enfin, à reconnaître que tous les citoyens auraient le droit de le traiter en criminel très dangereux — si ayant manqué aux engagements solennels et publics qu'il signe ici — il profitait de la légalité pour échapper à la sanction ci-dessus indiquée.

...... candidat, le.... .

Amis lecteurs, citoyens altruistes, qui êtes vraiment républicains socialistes, maintenant qu'ensemble, en nous servant des éléments que nous ont fournis l'observation et l'expérience générales, interrogées sincèrement, nous avons élaboré un programme des premières revendications, — indispensables et suffisantes — en vue d'une marche en avant de la révolution sociale de l'humanité; marche en avant, succédant aux piétinements sur place, aux oscillations ou aux mouvements circulaires qu'elle n'a cessé de pratiquer jusqu'à présent, terminons la tâche que nous nous sommes imposée en contrôlant ce programme avec les conditions que contient le problème de la **Question Sociale**, tel que les faits nous l'ont posé au commencement de cette petite étude.

Les revendications faites dans les sept articles de notre problème sont-elles équitables ?...

Oui :

Elles sont indispensables pour que tous puissent arriver, évolutivement, à ce qui sera leur véritable avantage : posséder toute la somme possible de bien-être, de sécurité, de liberté, de savoir, d'émulation : de **développement** ; alors, qu'aujourd'hui, personne ne possède, véritablement, une seule de ces nécessités sociales.

Elles ne réclament qu'une partie de ce qui doit être transformé pour le plus grand avantage de tous : Tout ce qui est à transformer n'existe, tel qu'il est aujourd'hui, qu'avec des origines d'iniquités violentes, fourbes et hypocrites.

Ces iniquités, toujours usitées, deviennent, de plus en plus, dangereuses à ceux qui les commettent ; impitoyables à ceux qui les subissent ; par ces conséquences d'une loi naturelle : Toute cause produit inévitablement les effets qu'elle contient ; mauvaise, elle ne peut produire que de mauvais effets ; restant la même, ses effets s'accentuent toujours davantage.

Aussi, nos revendications s'attaquent-elles aux causes mauvaises dont nous souffrons tous : Nous n'arriverons à traiter en ennemis et sans pitié ceux qui les exploitent et les soutiennent, que si leur égoïsme atavique les rend aveugles et sourds, **cérébralement**, à leurs véritables intérêts et à la voix de la justice.

Alors, malheur à eux; car, de même que l'ingénieur fait sauter les masses granitiques qui sont obstacles à l'aplanissement de la route nécessaire qu'il doit tracer, les républicains-socialistes feront sauter les obstacles humains qui barrent la route à l'humanité dans sa marche harmonique vers ses destinées.

Ces revendications sont-elles pratiques?

Oui :

Elles peuvent être imposées légalement, par le plus grand nombre, à la minorité bestialement égoïste qui ruserait pour les empêcher d'aboutir.

Leur application améliorera, certainement et le plutôt possible, la situation mauvaise de ce plus grand nombre; sauvegardera l'existence de cette minorité; qui serait, inévitablement, broyée dans le premier mouvement de fureur de ceux à qui elle rend son exploitation, de plus en plus, épouvantable.

Elles n'imposent à personne de sacrifices.

Elles offrent à tous des avantages et un terrain de **solide** entente.

Elles sont, dans l'état cérébral actuel de n'importe quelle nation, les seules sur lesquelles peuvent se grouper une minorité intelligente; qui, rapidement, deviendra l'immense majorité.

Elles forment un tout dont toutes les parties se soutiennent réciproquement.

Elles n'ont aucun des aléas de l'inconnu d'une situation dont tous les facteurs sont bouleversés.

Elles ne peuvent amener aucune désillusion d'application ; par suite, elles ne permettront point, une fois de plus, un retour en arrière sur les positions conquises par elles.

Sont-elles efficaces ?

Oui :

Elles sont claires et précises.

Elles s'attaquent aux principaux détails qui soutiennent la base de l'organisation actuelle, qu'il s'agit de remplacer par une autre qui lui sera absolument opposée.

Elles ne s'égarent ni en des points secondaires inefficaces,ni en des palliatifs trompeurs et mensongers.

Leur importance peut être facilement comprise de tous.

Elles sont un drapeau sous lequel peuvent se rencontrer tous les hommes sincèrement républicains-socialistes.

Elles posent des principes dont l'accord avec la justice naturelle est facilement contrôlable.

Elles sont des indications, une lumière nécessaire dans les ténèbres où nous sommes aujourd'hui; elles seraient cette même lumière, demain, dans le bouleversement d'une révolution sanglante et triomphante.

Elles mettent en demeure de les combattre, contradictoirement, tous les partisans sincères de moyens différents.

Enfin,elles indiquent le commencement du chemin le plus court et le plus sûr pour arriver à l'État social le plus altruiste : le Communisme ; et, toujours, le chemin le plus court est le meilleur.

Sont-elles des moyens rapides ?

Oui :

Elles vont droit au but qu'il faut atteindre, en tenant compte de toutes les conditions que comporte la situation actuelle; tant pour les institutions qui la soutiennent, que pour les hommes qui s'y meuvent.

Établissent-elles la possibilité de l'organisation de l'avenir, et l'impossibilité d'un retour en arrière.

Oui :

Parce qu'elles attaquent les forteresses de l'individualisme et du capitalisme dans leur base fondamentale; qu'en même temps, elles indiquent clairement l'organisation à établir et en jettent profondément les assises.

Qu'elles font la lumière sur les agissements qui ont fondé et qui perpétuent les anarchies sociales contemporaines.

Qu'elles crient, haut et ferme, que ce sont ces agissements qu'il faut combattre, avant tout; parce qu'ils sont les plus terribles crimes humains et les causes de tous les maux sociaux.

Maintenant faisons la preuve que l'organisation que nous poursuivons est nécessaire :

Si cette organisation ne venait pas remplacer celles d'aujourd'hui dans lesquelles les luttes, les ruses, les haines, les maux physiques et intellectuels de toutes sortes s'accusent chaque jour davantage, les hommes finiraient, avant peu, par se détruire eux-mêmes.

L'observation et l'expérience générales nous prouvent que pour qu'une espèce se perpétue et se perfectionne dans la nature, il faut qu'elle soit assez forte, par le nombre de ses membres et par leurs qualités, pour vaincre les difficultés des milieux où elle se meut.

L'espèce humaine ne peut que modifier, légèrement, ses différents milieux secondaires : climatoriques, géologiques et autres ; mais elle a toutes les possibilités pour faire, harmonique à ses véritables besoins, son principal milieu, son milieu social.

Si ce milieu qui est, à lui seul, bien plus important pour elle que tous les autres, elle le continue en anarchie, comme elle l'a formé ; les maux du corps et de l'intelligence qui s'aggravent, de plus en plus, chez ses membres : fièvres, anémies, paralysies, névroses, folies, etc., les empoisonnements, de toutes natures, qu'ils subissent continuellement par les denrées falsifiées et l'atmosphère viciée; les crimes sociaux de toutes sortes dont ils sont les auteurs et les victimes ; les luttes individuelles ; les guerres civiles et celles internationales ; l'état de malaise, d'inquiétude, de surexcitation de chacun d'eux, qui lui fait, depuis son premier vagissement jusqu'à sa tombe, une vie d'angoisses, de tourments et de souffrances ; etc., etc. ; **tout cela** amènerait pour l'humanité des conditions semblables à celles qui ont fait disparaître de la surface du globe d'autres espèces animales antérieures, dont on ne retrouve que des traces paléontologiques.

Donc, l'organisation dont nous poursuivons la réalisation, qui détruira les causes qui ont amené l'état social actuel et les maux qui en découlent, est nécessaire ; plus, **même**, elle est indispensable.

Est-ce au bien de chaque individu et à

celui de toute la collectivité qu'elle est indispensable ?

Oui :

La preuve nous en a été donnée aussi complète et satisfaisante que possible par **tout** ce que nous avons trouvé dans les recherches que nous avons faites dans cette étude et dans les deux précédentes sur le même sujet.

Est-elle la seule possible ?

Oui :

Car elle est la seule conforme aux indications de la nature : Nous avons vu, dans toutes nos recherches, que cette conformité est prouvée, continuellement, par l'étude consciencieuse de tout ce qui nous entoure; et nous n'en avons trouvé aucune autre qui soit dans les mêmes conditions.

Est-elle conforme aux lois naturelles ?

Oui :

Car ses moyens d'action sont tout l'opposé de ceux violents, fourbes, iniques, hypocrites que l'humanité a employés, socialement, jusqu'à ce jour ; et, par l'expérience, nous savons :

Que les lois de la nature sont les forces

qui établissent les rapports immuables entre les causes et leurs effets.

Que les moyens sont des causes artificielles régies par les lois naturelles.

Que ces lois font que les moyens bons produisent, toujours, de bons effets, qu'aucun moyen ne peut produire de bons résultats, s'il est mauvais.

Enfin est-elle évolutive ?

Oui :

Elle est une transition nécessaire entre l'état, monstrueusement mauvais, des organisations actuelles et celles, de plus en plus harmoniques, de l'avenir.

Amis, bornons là, si vous le voulez bien, les travaux de cette petite étude ; si nous voulions seulement indiquer tout ce que comporte le sujet qu'elle traite, nous serions contraints de faire de gros volumes ; et nos camarades — pour qui la Société actuelle est si marâtre et pour qui nous écrivons n'auraient pas la possibilité de nous lire ; donc concluons.

CONCLUSION

DE LA TROISIÈME ÉTUDE.

Tous les hommes, sans exception, ont intérêt à la transformation des sociétés actuelles.

Pour les faibles et les travailleurs, cette transformation est urgente, urgente!!!

Il faut que, tous, nous y travaillions par des moyens équitables, pratiques, rapides, efficaces.

Il faut nous défier de tous les dupeurs:

De ceux qui veulent conserver la base des sociétés actuelles ; nous promettant qu'ils les transformeront au moyen de palliatifs et de moyens inefficaces : ils cherchent à nous masquer le but à atteindre et les moyens à employer.

De ceux qui nous disent votre misère est insoutenable ; vous n'avez d'autres moyens d'y mettre fin que la violence ; le lendemain du jour où vous serez vainqueurs, nous chercherons ensemble l'organisation où vous serez heureux et libres.

Amis, les uns et les autres veulent nous

tromper : les uns, pour continuer notre exploitation, dont ils profitent ; les autres, pour prendre la place des premiers, alors que nous en aurons fait justice.

Travailleurs, la révolution violente ne vient pas parce qu'on la prêche ; elle n'est jamais reculée parce qu'on prend des précautions contre elle.

Elle vient quand des nécessités intellectuelles et physiques la rendent urgente et inéluctable.

Pas une de celles du passé n'était prévue et voulue au moment où elle a éclaté ; ni par ceux qui l'ont faite, ni par ceux contre qui elle était faite. Seules, les insurrections stériles sont préparées à l'avance, mais aussi elles échouent dans le sang de ceux qui y participent ; tandis que, le plus souvent, ceux qui y poussent les autres restent dans leur cave.

Travailleurs, avant que vous ne soyez définitivement acculés à une révolution sanglante, ne vous laissez pas tromper en ce qui concerne les responsabilités de vos souffrances, sans quoi vous arriveriez à faire **inutilement** beaucoup de mal à l'humanité ainsi qu'à vous-mêmes ; soyez d'accord snr le minimum de ce que, immédiatement, vous voulez détruire et de ce que vous voulez édifier ; alors, cette révolution s'accomplissant et vous y étant victorieux ; le lendemain, vous ne vous battrez pas les uns contre les autres, vous ne vous laisserez plus duper — **comme dans tous les cas analogues du passé** — par des renards humains qui, lorsque vous vous débattrez dans de graves difficultés intérieures et extérieures, que vous serez aux prises avec des besoins urgents et impitoyables, ne demanderont qu'à vous rendre le service d'une dictature.

Dans ces moments difficiles, les dictateurs que vous vous seriez donnés auraient, facilement, les moyens de continuer, à leur profit, les errements du passé dont vous espériez vous être débarrassés.

Donc, travailleurs des villes et des champs, du bureau et de l'atelier, de l'usine et du magasin, des sciences, des lettres et des arts, pour vous, pour vos enfants, pour l'humanité, entendez-vous, groupez-vous, réclamez tous vos droits et faites tous vos devoirs sociaux. (1)

---

(1) Avec vous chers lecteurs, dans une prochaine étude, nous étudierons : Les écueils qu'il nous faut éviter, les difficultés que nous avons à surmonter, les moyens que nous avons à employer afin de nous entendre pratiquement dans nos efforts ; pour les solidariser, les universaliser et les rendre efficaces.

DERNIER MOT DE CETTE DIXIÈME ET DERNIÈRE ÉDITION

Pauvres écrits, depuis que je cherche à vous propager par tous les moyens possibles, que de souffrances je vous dois.

Ma conscience, seule, me soutient ; elle me crie que mes recherches constantes, sincères, sérieuses, ont fait œuvre exacte et utile.

Si je me trompe, lecteur, j'espère que je ne t'aurai fait perdre que quelques instants ; si j'ai raison, quel bonheur !!!

Quoiqu'il en soit, je reconnais que ces écrits — résultat de mes études, de mes recherches, de mes observations et expériences de plus de trente années — sont au moins imparfaits et incomplets par mon insuffisance ; aussi, j'espère que d'autres chercheurs les perfectionneront et les compléteront, ou les rectifieront, s'il y a lieu.

Septembre 1888. Ed. B.

www.ingramcontent.com/pod-product-compliance
Ingram Content Group UK Ltd.
Pitfield, Milton Keynes, MK11 3LW, UK
UKHW012039240726
13965UKWH00003B/899

9 782013 257978